AF603394

LES GRANDS ARTISTES

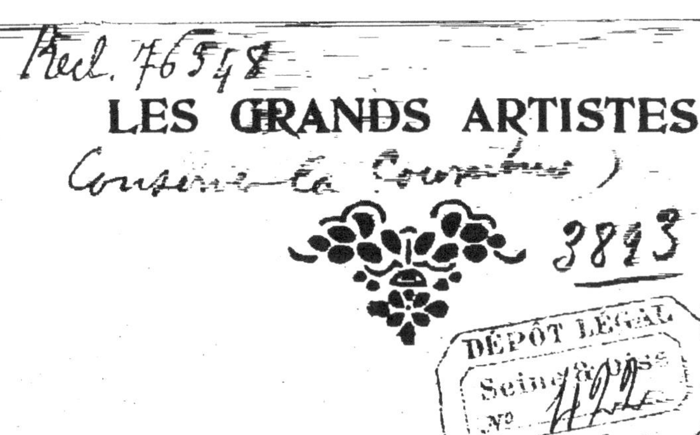

Les Clouet

Par Alphonse GERMAIN

LES GRANDS ARTISTES

Les Clouet

LES GRANDS ARTISTES

COLLECTION D'ENSEIGNEMENT ET DE VULGARISATION

Placée sous le Haut Patronage

DE

L'ADMINISTRATION DES BEAUX-ARTS

Volumes parus :

Boucher, par Gustave Kahn.
Canaletto (Les deux), par Octave Uzanne.
Carpaccio, par Léon Rosenthal.
Carpeaux, par Léon Riotor.
Chardin, par Gaston Schéfer.
Clouet (Les), par Alphonse Germain.
Louis David, par Charles Saunier.
Eugène Delacroix, par Maurice Tourneux.
Donatello, par Arsène Alexandre.
Douris et les peintres de vases grecs, par E. Pottier.
Albert Dürer, par Auguste Marguillier.
Fragonard, par Camille Mauclair.
Gainsborough, par Gabriel Mourey.
Gros, par Henry Lemonnier.
Hogarth, pa. François Benoit.
Ingres, par Jules Momméja.
Jordaëns, par Fierens-Gevaert.
La Tour, par Maurice Tourneux.
Léonard de Vinci, par Gabriel Séailles
Claude Lorrain, par Raymond Bouyer.
Luini, par Pierre Gauthiez.
Lysippe, par Maxime Collignon.
Michel-Ange, par Marcel Reymond.
J.-F. Millet, par Henry Marcel.
Percier et Fontaine, par Maurice Fouché.
Poussin, par Paul Desjardins.
Praxitèle, par Georges Perrot.
Puget, par Philippe Auquier.
Raphaël, par Eugène Muntz.
Rembrandt, par Émile Verhaeren.
Rubens, par Gustave Geffroy.
Ruysdaël, par Georges Riat.
Titien, par Maurice Hamel.
Van Dyck, par Fierens-Gevaert.
Velazquez, par Élie Faure.
Watteau, par Gabriel Séailles.

Volumes à paraître :

Fra Angelico, par André Pératé.
Jean Goujon, par Paul Vitry.
Meissonier, par Léonce Bénédite.
Paul Potter, par Émile Michel.
Puvis de Chavannes, par Paul Desjardins.

8574-06. — Corbeil. Imprimerie Éd. Crété.

LES GRANDS ARTISTES

LEUR VIE -- LEUR ŒUVRE

Les Clouet

PAR

ALPHONSE GERMAIN

BIOGRAPHIE CRITIQUE

ILLUSTRÉE DE VINGT-QUATRE REPRODUCTIONS HORS TEXTE

PARIS

LIBRAIRIE RENOUARD

HENRI LAURENS, ÉDITEUR

6, RUE DE TOURNON (VIe)

LES CLOUET

Le temps est loin où Voltaire faisait commencer notre peinture à l'époque de Nicolas Poussin. Grâce aux travaux de sagaces érudits, on connaît maintenant, au moins dans ses lignes essentielles, l'histoire de notre art depuis ses origines et, grâce surtout à l'initiative de Léon de Laborde, on ne se méprend plus sur l'origine des bons portraits de notre XVIe siècle. Jean Clouet et son fils François, les « Janet » comme les appelaient leurs contemporains, ont été remis en lumière. S'il reste beaucoup à apprendre sur ces maîtres, si nombre de leurs travaux sont à retrouver, on possède cependant d'assez multiples détails pour évoquer leurs physionomies et montrer la valeur de leurs œuvres.

Les Clouet avaient éclipsé par leur renom la plupart des peintres qui gravitaient autour d'eux. On finit par les regarder comme les seuls grands portraitistes de leur époque. Un demi-siècle ne s'était pas écoulé depuis la mort de François que déjà l'on attribuait à ce maître une multitude d'effigies peintes dans les années 1500 et au début des années 1600. On en vint bientôt à confondre Jean et François. Et la confusion s'établit d'autant plus aisément que le fils avait été célèbre sous le même prénom diminutif que son père (1).

Au XVIIe siècle, Félibien, qui pourtant n'avait pas épargné les recherches, ne mentionne qu'un Clouet sous le nom de Janet, dans ses *Entretiens sur la vie des peintres*. Un collectionneur de la même époque, l'abbé de Marolles, auquel on doit un *Catalogue de livres, d'estampes et de figures en taille douce*, pensait également qu'un seul Clouet avait existé, l'illustre François. Au siècle suivant, un autre amateur, Mariette, dans son *Abecedario pittorico*, ne trouvait à ajouter que le nom de Clouet aux renseignements de Félibien. Plus près de nous, Alexandre Lenoir s'en tenait toujours à l'unique Janet, auquel on rapportait généralement toutes les bonnes peintures, et même quelques autres, du XVIe siècle. Mais depuis on a fouillé les archives, scruté divers écrits, et l'on est arrivé à dissiper la fâcheuse bévue. Les comptes surtout ont rendu d'insignes services. Ce sont des témoins peu diserts mais parfaitement sûrs; celui qui sait les interroger parvient à reconstituer bien des choses, à en comprendre bien d'autres. Non seulement on a reconnu et prouvé qu'il y avait eu deux Clouet, le père et le fils, mais encore on en a découvert un troisième, très probablement frère du premier.

(1) L'usage de désigner par un diminutif était alors très répandu, et il arrivait assez souvent que l'on perdait le sens de ce sobriquet. Certains déformèrent celui de Clouet en Jehannet, Jainet ou Jamet. On relève ces erreurs dans les comptes administratifs.

I

JEAN CLOUET. — SA SITUATION A LA COUR. CE QUE L'ON SAIT DE LUI.

On ignore où naquit Jean Clouet, mais assurément ce ne fut pas en France, puisqu'après sa mort tous ses biens échurent, par droit d'aubaine, à la Couronne. Le roi, reconnaissant comme il convenait envers un de ses meilleurs peintres, s'empressa d'abandonner cet héritage au fils du défunt, François, et les termes mêmes de sa donation établissent que Jean n'était pas originaire du royaume et n'avait pas été naturalisé (1). Peut-être devait-il le jour à ce Jean Cloët qui travaillait à Bruxelles, dans le troisième quart du xve siècle, pour le duc de Bourgogne, et qui était élève de van Orley. Peut-être aussi n'y avait-il entre les deux peintres qu'une similitude fortuite de noms (2). Aucun témoignage n'a encore éclairé ce point.

On ne sait davantage quand notre Clouet passa chez nous, ni quelles causes l'y déterminèrent. Les « États » de la maison du roi nous révèlent seulement qu'à la mort de

(1) Les lettres royales contenant cette donation sont aux Archives nationales, *Trésor des Chartes*, J. J. 254 ; elles datent de 1541.

(2) On ne possède que très peu de renseignements sur Cloët. Léon de Laborde a découvert une quittance datée du 4 septembre 1475 qui prouve que, cette année-là, ledit peintre peignit, à Bruxelles, sous le contrôle de son confrère Jean de Hannekart, différentes figures de saints sur les parois d'un pavillon.

Louis XII il était peintre en titre d'office de ce monarque (1). Son nom figurait le dernier sur la liste des peintres royaux, à la suite de Nicolas Belin, de Modène, et de Barthélemy Guéty, dit Guyot. Les têtes de liste, les chefs d'emploi, étaient les célèbres Perréal et Bourdichon (2). A ceux-ci « deux cens quarante livres tournois » étaient allouées chaque année, nous apprennent les comptes des dépenses royales; Jean devait se contenter de cent soixante livres.

François Ier n'ayant pas modifié le groupe de peintres formé par son beau-père, notre artiste reste dans sa situation modeste jusqu'en 1522. Il succède alors à Bourdichon défunt et devient ainsi valet de garde-robe extraordinaire. Six ans plus tard, après le décès de Perréal, la première place lui est donnée avec le titre de peintre et valet de

(1) Sa première quittance connue est du 22 décembre 1518. Le Roux de Lincy l'a publiée dans le *Moniteur* du 17 avril 1851, p. 1130.

(2) Cf. *États de la maison du Roi* (1516), copiés pour Roger de Gaignières, Bibliothèque nationale, ms. français 21 449. Jean Perréal, dit de Paris, naquit vers 1460, on ne sait où, et mourut vers 1528. Il ne subsiste aucune œuvre authentique de lui. Jean Bourdichon naquit à Tours en 1457 et mourut vers la fin de 1520. On lui doit les meilleures miniatures des *Heures* d'Anne de Bretagne et quatre miniatures : l'*Homme sauvage*, le *Pauvre*, l'*Artisan*, l'*Homme riche*, à M. J. Masson, d'Amiens. M. Émile Mâle lui attribue les miniatures des *Heures* de Ferdinand, roi de Naples, des *Heures* de Charles VIII et quelques-unes de celles qui décorent un missel provenant d'une église tourangelle. On ne sait rien sur les autres peintres royaux et presque rien sur un autre artiste qui travailla, lui aussi, pour la cour et que certains proclamèrent le rival de Fouquet : le Tourangeau Jean Poyet. On n'est pas mieux renseigné sur Raymond Boterie, dont il reste une médiocre *Trinité entourée d'anges* peinte en 1509, ni sur Jean Colombe de Bourges qui décora les *Heures* de Jacques Cœur. Et, sans des actes d'archives, nous ne connaîtrions même pas les noms de Pierre Didier, de Claude des Bruyères et de François Bénard, « peyntre de la Reyne en 1515 ».

JEAN CLOUET. — FRANÇOIS Ier (Peinture).
(Louvre.)

chambre. Très honoré et chargé de travaux, il remplira ses fonctions jusqu'à sa mort, en 1540.

Le titre de valet de chambre était, à cette époque, parfaitement honorable, car il n'impliquait aucune fonction et il conférait le droit d'approcher le roi ainsi que de le suivre. Aussi avait-il été réservé tout d'abord aux gentilshommes. Puis l'étiquette de la cour avait en quelque sorte obligé les princes à l'octroyer à leurs artistes favoris. En effet, cette étiquette, reposant sur les traditions et les statuts des corporations, assimilait les poètes et les peintres aux gens de métier, lesquels occupaient la dernière place hiérarchique. Le seul moyen de mettre les artistes au-dessus des divers officiers domestiques, de leur assurer un rang au moins convenable, c'était d'en faire des valets de chambre.

Pourquoi Louis XII s'était-il attaché Jean Clouet? Nul ne saurait le dire. Avait-il acquis quelque réputation avant d'être admis au nombre des artistes royaux, ou devait-il son heureuse fortune au sens esthétique de quelque conseiller du monarque? Aucun document ne nous éclaire sur les débuts du maître, sur ses premiers travaux à la cour de France. Plus tard, il semble bien qu'il eut l'affection de son roi, mais fut-il son portraitiste préféré? A ce sujet encore, on se voit réduit aux conjectures.

C'est Tours, centre d'une vieille école florissante, que Jean Clouet avait élu pour sa résidence ordinaire. S'il alla quelquefois besogner à Paris, quand le roi s'y trouvait entre deux déplacements, il accomplit en province, croit-on, la majeure partie de son œuvre. On ne portraiturait pas alors comme à présent; les personnes désirant leur image ne posaient pas dans l'atelier de l'artiste, c'est celui-ci qui se rendait dans leur demeure. Il les dessinait très soigneusement sur papier, indiquait les tonalités de leur carnation par quelques traînées de pastel dur et notait par écrit les teintes de leur costume; puis, d'après cette étude, il peignait le tableau. Ce système n'a rien qui doive surprendre; entre les mains d'un peintre, maître de son métier, il ne peut guère donner de mauvais résultats (1).

Lorsque Jean rapportait de ses sorties, de ses voyages, une douzaine d'études, il avait du travail pour plusieurs mois à son foyer. Des courriers emportaient les ouvrages achevés au fur et à mesure des besoins. Un compte nous atteste qu'au mois de mars 1529 un certain Loys du Moulin fit, « en dilligence et sur chevaulx de poste », le voyage de Blois à Paris pour apporter à François Ier des portraits et des « effigies au vif » dont Clouet avait été chargé. Et nous savons, par une pièce adressée au prévôt de Paris, qu'une fois au moins, vers 1537, Jeanne, la femme du maître, remplit cet office de courrier (2).

(1) Ceci doit s'entendre des portraits peints d'après les crayons mêmes du portraitiste, et encore à condition de faire prédominer la structure du dessin sur la peinture. En peignant d'après le dessin d'un autre, le plus habile des maîtres risquerait fort de ne réaliser qu'une œuvre de virtuosité frivole. On peut s'en convaincre en examinant le *François Ier* du Louvre exécuté par Titien, d'après des documents, en 1535, et l'*Isabelle d'Este* du Musée de Vienne peinte par le même, un an plus tôt, de la même manière.

(2) En effet, elle a donné quittance, cette année-là, au trésorier de l'Épargne d'une somme de 45 livres tournois qui lui avait été allouée

Anne de Montmorency,
depuis connétable, *à l'âge de 22 ans.*

Robert de La Marck,
dit Fleuranges.

Guillaume Gouffier,
dit Bonnivet, amiral de France.

Arthur Gouffier.

Jean Clouet. — Miniatures de la *Guerre gallique.*
(Bibliothèque nationale.)

Quelles raisons déterminèrent Jean à se fixer à Tours, on l'ignore. Peut-être est-ce tout simplement parce qu'il s'allia, par son mariage, à une famille de cette ville, celle de l'orfèvre Gatien Boucault. Ce fut au moins en 1515 qu'il se maria, car nous verrons plus loin qu'il convient de placer en 1516 la naissance de son fils François. En tout cas, on ne saurait beaucoup reculer la date de cette union puisqu'une pièce nous apprend que les deux époux achetèrent à Tours, par-devant notaire, le vendredi 6 juin 1522, une rente en grains (1).

II

LE GOUT DES PORTRAITS AU XVIe SIÈCLE.

Au moment où la fortune commençait de sourire à Jean, les portraits avaient une vogue extraordinaire. Déjà, au XIIIe siècle, ils jouaient un rôle, parfois important, dans les négociations des mariages princiers ; à partir du XIVe, on en usa de bien d'autres façons. Rois et grands tiennent à se faire représenter sur les volets des diptyques et triptyques qu'ils offrent aux églises. En outre, quelques hauts personnages se mettent à réunir dans leurs demeures des séries de portraits. Mahaut d'Artois possède, avec une

« à cause du voyage qu'elle avait faict de Paris à Fontainebleau, pour apporter et monstrer au Roy aucuns ouvrages..... » de son mari. On en peut déduire que Jean séjournait parfois à Paris, où peut-être il avait une demeure.

(1) *Archives de l'art français*, 1re série, t. III, p. 290 et s.

suite de peintures consacrées à la vie de son père, une galerie de bustes reproduisant nos souverains et nos souveraines. Jean de Berry conserve, dans son manoir de Bicêtre, les effigies peintes de Clément VII, des cardinaux, rois et princes de France, des empereurs d'Orient et d'Occident. Enfin d'assez nombreux seigneurs impriment leur image sur les bâtiments publics de leur domaine.

Nos artistes excellaient à figurer les donateurs et leurs enfants ; l'interprétation caractériste des têtes étant une des qualités dominantes de notre race, très tôt ils procédèrent avec une sincérité et une conscience délectables. Le Jean le Bon du Louvre, le Charles V et la reine Jeanne qui se profilent sur le *Parement de Narbonne* du même musée, les miniatures de maintes Heures nous en fournissent des preuves aussi diverses que typiques.

Au xve siècle, nos peintres les mieux doués travaillent en général comme des portraits les personnages de leurs décorations ou de leurs motifs religieux. Voyez le *St-Augustin* et le *St-Ambroise* de Saint-Sauveur à Caen, la *Procession du pape Grégoire* dans la cathédrale d'Autun, les peintures murales du transept et du bas côté nord de Nôtre-Dame de Dijon, la *Pieta* qui, de Villeneuve-lès-Avignon, est passée au Louvre, et, dans ce même musée, la *Ste-Madeleine* qui présente une vieille dame.

Le célèbre diptyque de Fouquet, naguère à Melun, ne s'impose à l'admiration que par les images de Chevalier et du moine qui figure St-Étienne. Le *Calvaire*, jadis au Palais de Justice de Paris, se recommande surtout par ses

École de Jean Clouet. — Portrait de femme (Peinture).
(Ancienne collection Laurent Richard.)

2

saints aux physionomies si nettement individuelles. L'intérêt du triptyque au *Buisson ardent* de Nicolas Froment (cathédrale d'Aix-en-Provence), du triptyque de la cathédrale de Moulins et de la *Nativité* de l'évêché d'Autun est tout entier dans les figures des donateurs si vivantes, si délicieusement expressives.

De telles œuvres durent contribuer énormément à répandre l'usage des portraits isolés. Les panneaux ne suffisant pas, on portraitura sur les tapisseries, sur les manuscrits, les livres imprimés (1), voire sur les cheminées monumentales — que l'on adornait de médaillons ou de motifs à plusieurs figures — et même à l'extérieur des maisons. Jacques Cœur et son épouse illustrèrent de leurs images sculptées la façade de leur palais.

L'homme a toujours chéri la représentation de ses traits, et beaucoup, même, dans le public, ne conçoivent pas l'art plastique en dehors de la fidèle reproduction des têtes. Quand la photographie fut inventée, l'humanité reçut un des plus merveilleux hochets qu'elle pût désirer. Aussi quelle allégresse ! Que de soins apportés au perfec-

(1) Il y a de savoureux portraits sur les plus diverses tapisseries. On en remarque dans la *Vie de saint Pierre* de la cathédrale de Beauvais comme dans la *Condamnation de Souper et de Banquet* du musée de Nancy, dans la *Scène d'amour* du Louvre comme dans le *Priam et sa cour* du Palais de Justice d'Issoire.

Entre tous les portraits des livres, il faut retenir ceux de Charles VIII et d'Anne de Bretagne exécutés en miniature sur les *Apologues et Fables d'Esope* (traduction française de G. Tardif) et sur la *Légende dorée* (traduction de J. du Vignai), in-folio sur vélin publiés à Paris par Ant. Vérard, l'un en 1490, l'autre en 1493.

tionnement de l'invention! Et quel succès envahisseur! Chacun maintenant voudrait opérer soi-même.

Au temps de Charles VIII, il devint de bon ton, dans la noblesse, de se faire portraiturer. Et ce genre alla se développant. Les princes du sang se piquèrent d'avoir leurs peintres comme le roi. Les riches bourgeois tinrent à honneur de procéder à l'instar des seigneurs. A partir du règne de Louis XII, tout favorisé de la fortune recourut au talent d'un portraitiste; ceux qui ne pouvaient s'offrir une peinture sur panneau ou une miniature sur vélin se contentèrent d'un crayon sur papier.

Dès lors, il fallut bien placer les portraits sur les murs; ainsi commença-t-on, dans maintes familles, des galeries analogues aux collections d'effigies des palais royaux et de certaines maisons princières. On n'en forma pas seulement de peintures sur bois, mais aussi d'émaux, surtout quand Léonard Limosin eut provoqué des enthousiasmes. Et les ensembles de portraits en émail ne furent pas les moins goûtés, car par leurs teintes sobres et lumineuses, ils constituaient des effets décoratifs assurément agréables.

D'aucuns continuèrent à placer leurs bustes sur quelque mur de leur demeure, tels les Dumontat en leur hôtel de Riom, les Dordet de Montal au château de ce nom, dans le Lot (1). D'autres voulurent leur image en haute lisse, comme Pierre de Rohan et Marguerite d'Armagnac tenant l'orgue sur la tapisserie de la cathédrale d'Angers, comme

(1) L'effigie de Dordet est passée au Louvre. Les portraits en haut relief de Dumontat et de son épouse sont encore dans la cour de son hôtel.

Cliché Alinari.

François Clouet. — François Ier (Peinture).
(Musée des Offices, Florence.)

la dame revêtue de drap d'or qui se tient à genoux dans la *Descente de Croix* du musée Crozatier, au Puy, comme les anonymes assemblés au *Concert* du musée des Gobelins. D'autres encore se mirent à collectionner des miniatures ou des dessins. On se plut à recueillir les portraits des célébrités du temps, des figures qu'un événement transformait en *actualités*. L'arrivée de Marie Stuart à la cour dans son costume national « à la barbaresque mode des sauvages de son pays » ayant fait sensation, nous apprend Brantôme (« elle paroissoit une vraye déesse »), beaucoup désirèrent son effigie « estant ainsi habillée ». Beaucoup aussi se disputèrent les copies de la peinture qui représentait Marguerite de France, sous le costume de velours incarnat d'Espagne qu'elle portait au festin des ambassadeurs polonais ; costume dont l'effet avait été prodigieux sur tous les assistants, notamment sur don Juan d'Autriche.

Un album de la bibliothèque Méjanes d'Aix-en Provence et un recueil analogue de la bibliothèque d'Arras nous offrent deux curieux spécimens des collections de portraits crayonnés, comme on les comprenait dans le premier quart du XVIe siècle. Au second quart, les crayons suscitèrent un tel engouement qu'il y eut bientôt du travail pour les plus médiocres dessinateurs ; et forcément ceux-ci, féconds autant qu'insuffisants, déterminèrent la déchéance de ce mode de figuration. Ils avaient pour eux tous les gens dénués de goût, lesquels sont toujours légion ; néanmoins en quelques années, ils commirent de telles quantités de têtes banales qu'après le règne de Henri IV on cessa de s'intéresser aux portraits crayonnés. Ingres, par d'incontestables merveilles, relèvera plus tard ce genre sans le remettre en honneur.

Jean Clouet crayonna certainement plus de portraits qu'il n'en peignit, et peut-être en fit-il davantage sur vélin que sur panneau de bois (1). D'après ce que nous venons de voir, cela semble bien probable. Enfin, selon l'usage du temps, il décorait aussi des meubles, exécutait des armoiries et, à l'occasion, modelait. Même s'il peignit peu de portraits, son œuvre fut donc considérable. François Ier l'affectionnait ou l'estimait trop pour le laisser chômer longtemps; à partir de 1525, il dut même l'accabler de travaux puisqu'il ne lui donna qu'un auxiliaire, ce Petit-Jean Champion dont on ne sait rien.

III

L'ŒUVRE DE JEAN.

On ne peut attribuer à Jean Clouet que trois ou quatre peintures, six ou sept dessins et les médaillons d'un manuscrit. Encore n'est-ce que par une série de conjectures. Le seul de ses tableaux qui nous soit signalé par un texte a été perdu : c'est le portrait d'Oronce Finé, le mathématicien dauphinois. Son propre fils certifie qu'il fut peint

(1) « Il travailloit également bien en huile et en miniature », note Félibien, t. III, p. 118 de l'édition in-12.

Cliché Hanfstaengl.

François Clouet. — Charles IX (Peinture).
(Musée de Vienne.)

par le maître (probablement vers 1530). Une gravure le reproduit dans les « Hommes illustres » de Thevet, mais, très vulgairement établie, elle n'en donne qu'une piètre idée, et ne permet même pas de reconnaître un Clouet.

Les peintures conservées que l'on suppose, avec quelque raison, œuvrées par notre Jean sont : le grand *François Ier* du Louvre et deux effigies de Montmorency, l'une au même musée, l'autre au Palais des Beaux-Arts de Lyon.

La première, fort connue, date des années 1520, à en juger par l'âge du portraituré. Vêtu d'un pourpoint de satin grisoyant chamarré d'or, le roi se profile sur un fond rougeâtre dans une posture naturelle, une main sur la garde de son épée. La tête retient par son dessin précis, affirmatif, la structure générale par sa vie ; les détails du costume trahissent une sollicitude de miniaturiste. L'exécution picturale, presque toute en glacis et en tons plats très lissés, est uniforme, monotone, sauf dans les manches et le fond, d'où, par malheur, les ornements émergent trop ; il semble que l'auteur ait eu les hésitations d'un peintre qui sort de son format ordinaire. Les mains sont léchées d'une façon vulgaire et, par-ci, par-là, lépreuses, mais il faut s'en prendre au restaurateur qui les substitua aux originales.

Ce portrait avait été placé au palais de Fontainebleau dans le cabinet du roi ; et au XVIIe siècle, il se trouvait toujours à sa même place au-dessus d'une porte. Les amateurs érudits savaient encore qu'il était de Clouet ; toutefois ils croyaient, eux aussi, qu'il n'y avait eu qu'un artiste de ce nom. En 1640, le P. Dan signale ce portrait et celui de François II « qui sont de Janet, peintre fort renommé par la muse du prince de nos poètes (1) ». Mais le dire de ce religieux fut bien vite oublié. Quand, en 1731, l'abbé Guilbert cita de nouveau cette effigie royale comme un ouvrage de Janet (2), Bailly l'avait inscrite, dans son inventaire, depuis vingt-trois ans, sous la mention d'ouvrage d'inconnu. Cette inscription, Louis-Jacques du Rameau la reproduira, en 1784, dans l'*Inventaire des tableaux du cabinet du roi.*

Il est légitime de donner à Jean Clouet les deux portraits de Guillaume de Montmorency. L'âge accusé par le vieux seigneur, père d'Anne le Connétable, dans ces peintures, les place vers le milieu ou la fin des années 1520, au plus tard en 1530 (3). A cette époque, il n'y avait guère que le maître qui fût en état de réaliser des œuvres aussi puissantes. Sans doute la pâte n'est pas tout à fait étalée dans ces deux figures comme dans celle de François Ier, elle y modèle les plans avec autrement plus d'aisance et, en quelques endroits, elle paraît moins lisse; mais Jean a fort bien pu modifier sa facture à un certain moment de sa carrière, comme tant d'artistes, et il serait plutôt étonnant qu'il ne fût pas parvenu, dans ses dernières années, à manœuvrer les brosses avec crânerie.

(1) Et pour éviter toute confusion, le nom de ce prince, Ronsard, est inscrit en marge.

(2) *Description historique des château, bourg et forest de Fontainebleau*, 1731.

(3) Guillaume de Montmorency, chevalier d'honneur de Louise de Savoie, mourut en 1531.

François Clouet. — Élisabeth d'Autriche (Peinture).
(Louvre.)

Sans doute encore l'exécution des Montmorency fait songer à l'archevêque d'Holbein, mais n'oublions pas que, entre les maîtres à même psychologie, à semblable esthétique, il y a forcément un air de famille. Jean Clouet concevait l'interprétation des caractères comme Hans Holbein ; il s'ordonnait, lui aussi, de serrer la forme et de peindre en amoureux du dessin, c'est-à-dire en sacrifiant tout effet pictural à la scrupuleuse indication des plans. D'ailleurs, doit-on vraiment au maître de Bâle l'archevêque de Cantorbery ? Plusieurs érudits en doutent. Maintes peintures que, sur la foi des catalogues, le public continue de saluer comme des créations d'Holbein seront peut-être restituées demain à Jean Clouet.

Le Guillaume de Montmorency offre un admirable exemple d'interprétation caractériste. Les moindres traits du visage, les doigts, aux déformations implacablement traduites, tout accuse son individualité. On discerne sur cette tête une ténacité formidable, une austérité presque féroce et certainement morose. Cet homme paraît ignorer le sourire et peut-être la bienveillance. Il cause une impression lugubre que renforcent le ton de sa chair jaunie mme un vieux parchemin et le noir de son costume. Ce serait effrayant si ce dernier n'était humanisé par quelques accents de cramoisi en haut, à l'échancrure du costume, et sur les deltoïdes, ainsi que par la tache lumineuse de la chaîne d'or. Profondément expressifs et très harmonieux en leur gamme sévère, ces deux portraits comptent parmi les chefs-d'œuvre.

Les dessins dont on peut, sans crainte, faire honneur au vigilant artiste se trouvent à Chantilly, au musée Condé. Ce sont les effigies du grand maître Arthur Gouffier, d'Anne de Montmorency à vingt-deux ans, de Guillaume Gouffier, dit Bonnivet, amiral de France, du sieur de Tournon, de Chabannes la Palice, de Robert de la Marck dit Fleuranges, d'Odet de Foix, sieur de Lautrec (1). Ces têtes valent toutes par leur dessin significatif et animé, surtout celles d'Anne de Montmorency et de Guillaume Gouffier, si largement construites. Elles ont une saveur de croquis et une robustesse d'étude consciencieusement cherchée.

Quant aux miniatures attribuables à Jean, elles ornent un manuscrit, *la Guerre gallique*, aujourd'hui à la Bibliothèque nationale (fonds français, n° 13429) ; ce sont les reproductions, réduites au diamètre d'une pièce de 5 fr., des dessins précités. A M. Henri Bouchot, le mérite d'avoir découvert la parfaite ressemblance de ces minuscules enluminures avec les crayons de Chantilly, et de les avoir restituées à Clouet le père. Restitution des plus plausibles, on va le voir (2).

En effet, à l'époque où fut exécutée *la Guerre gallique* pour François Ier, en 1519, notre Jean était en pleine pos-

(1) Ces dessins faisaient partie de la collection de Stafford House, qu'Albert Lenoir avait composée et que le duc d'Aumale acheta, en 1889, à lord Carlisle.

(2) Il y a d'autres miniatures dans *la Guerre gallique* : des scènes et des représentations d'engins de guerre. Ce sont de légères grisailles, presque des sépias, tout à fait banales comme arrangement et comme exécution. Incontestablement, leur auteur, Godefroy le Hollandais, n'a pu tracer les exquis portraits de seigneurs.

François Clouet. — Henri II (Miniature).
(Cabinet des Estampes.)

session de son métier, et il n'avait guère au-dessus de lui que Perréal et Bourdichon. Or la facture des médaillons en question diffère sensiblement de celle de Bourdichon, plutôt lourde et chargée en couleur; de plus, elle décèle une fermeté de main, une virilité, que ne devait pas avoir, en sa vieillesse, le miniaturiste des *Heures* d'Anne de Bretagne. On ne saurait davantage soutenir que cette manière soit celle de Perréal, et parce que nous ne possédons aucune œuvre authentique de ce brasseur de travaux, et parce que, si l'on a tout lieu de croire qu'il fut versé en divers genres, on ne lit nulle part qu'il se soit affirmé bon portraitiste (1). Au contraire, Jean devint célèbre en interprétant des physionomies; on peut d'autant mieux le regarder comme l'auteur des dessins d'où furent tirées les miniatures de *la Guerre gallique*, qu'entre ces crayons et ceux de son fils François on relève d'étroites affinités. Et il est évident que les miniatures sont de la même main que ces dessins, les mêmes qualités s'y reconnaissant.

Sans doute rien n'empêche d'admettre que l'un des peintres auxquels François Ier adressait volontiers des commandes ait été capable de réaliser les médaillons de *la Guerre gallique*, mais pourquoi le roi eût-il fait appel à cet artiste alors qu'un de ses peintres en titre se distinguait justement par les plus rares dons de portraitiste? N'était-il pas naturel, au contraire, qu'il confiât à son féal,

(1) Toutefois on ne peut douter qu'il ait portraituré. Une lettre de lui nous apprend qu'il fit aux crayons de couleur l'image de la femme du secrétaire de Marguerite d'Autriche. *Lettre de Perréal à Barangier*, 8 octobre 1511. Biblioth. nationale, ms., nouvelles acquisitions, n° 1412.

à ce maître qui connaissait si bien la cour, le soin de figurer ses chers seigneurs, ses preux de Marignan ? En tout cas, ces effigies sont d'un bel artiste. Très simplement profilées sur un fond outremer, dont le ton met en valeur les finesses des chairs, elles produisent un excellent effet par leur structure intelligente et leur intense vie. L'interprétation picturale en est large, nette, franche ; l'ensemble très sobre, car on n'entrevoit qu'une faible partie des costumes, tous à dominante sombre. L'intérêt se concentre d'autant mieux sur les visages, et l'on doit s'en réjouir.

IV

SON ART.

Il se peut que, parmi les crayons de Chantilly, il y ait d'autres têtes de Clouet que celles des compagnons de François Ier. Certains portraits d'auteurs inconnus sont assez artistement tracés pour qu'on les suppose du maître. Toutefois il faudrait des arguments plus indiscutables pour établir des conjectures en sa faveur, puisqu'il eut, autour de lui, maints confrères capables de bien écrire une physionomie. Quant au *vieillard* du Louvre, longtemps classé, sans motif solide, au nombre de ses œuvres, c'est un crayon très ordinaire où rien n'indique le portraitiste de premier plan.

Il se pourrait aussi que Jean fût l'auteur du portrait présumé de Claude d'Urfé, aujourd'hui au roi Édouard VII, de l'*Henri d'Albret* (vers 1535), à M. G. de Montbrison, de la *Catherine de Médicis* (1540) du musée de Versailles, de la *Charlotte de France enfant*, acquise par MM. Agnew, de Londres, et de ce petit Dauphin du musée d'Anvers dont on a longtemps honoré Corneille de Lyon. Mais il paraît douteux qu'il ait fait le François Ier en Saint Jean-Baptiste de M. P. Gordon Smith.

L'hypothétique d'*Urfé* se rapproche fort, par la facture, des deux *Montmorency* auxquels il serait postérieur ; au contraire, le grand-père de Henri IV et surtout l'épouse de Henri II s'en éloignent, ce qui s'explique beaucoup par la différence d'âge et de complexion des portraiturés. Une jeune femme déjà grasse comme l'était Catherine, en 1540, ne pouvait être interprétée de la même manière qu'un vieillard desséché (1). Pour les deux enfants (2), il est fort difficile d'établir une conjecture, surtout pour le Dauphin dont nous ne connaissons même pas sûrement l'identité. Nous présente-t-il les traits de François II qui naquit en 1544 ou ceux de François, premier fils de François Ier et de Claude

(1) Le portrait crayonné d'après lequel a été fait le tableau de Versailles figure au musée Condé sous le nom de Mme d'Alluye ; le dessin en est tout juste suffisant, mais il livre bien les signes caractéristiques de Catherine. Le portrait peint est inférieur à celui d'Henri d'Albret.

(2) Le portrait peint de la fillette est expressif. Un dessin du musée Condé qui la représente au même âge ne paraît pas être de Jean Clouet, ne serait-ce que parce que la lèvre supérieure évoque par trop une lame de couteau. On ne peut admettre que l'artiste capable, en 1519, de tracer les médaillons de la *Guerre gallique* ait si pauvrement dessiné une tête vers 1534, date approximative de ce crayon de la présumée Jeanne. Et si c'est une copie d'un dessin du maître, elle laisse certainement beaucoup à désirer.

de France, qui, né en 1518, décéda en 1536 ? Si ce portrait de garçonnet représente François II, il n'est évidemment pas de Jean, mort avant la naissance de ce prince. Pour surcroît de difficultés, ces images d'enfants ne sont pas de celles à qui l'exécution tient lieu de signature (1).

Plusieurs artistes de la première moitié de notre XVIe siècle étaient en état de réaliser de telles peintures, et aussi les autres portraits exhibés, en 1904, comme attribuables au maître, à l'exposition des Primitifs français. Force peintres du temps de Jean usaient d'un métier analogue au sien, et leur personnalité ne se manifestait point par des signes très sensibles ; à présent, ils nous frappent surtout par leur air de famille, comme leurs portraiturés par leur type d'époque. Les points de comparaison nous manquent pour discerner les nuances qui les distinguaient et risquer des attributions en nous basant sur la seule technique de leurs œuvres. C'est aux scrutateurs d'archives, aux érudits de l'histoire de l'art, qu'il appartient d'authentiquer les peintures des inconnus.

Parmi celles-ci, plusieurs sont peut-être bien du frère de Jean, cet artiste dont on sait seulement qu'il fut aux gages de Marguerite d'Angoulême, sœur de François Ier, et que, pour cette raison, on nomme Clouet de Navarre. Mais comment vérifier sa facture qui, très probablement, eut force analogies avec celle de son illustre frère, à quels signes re-

(1) Léon de Laborde pensait que J. Clouet avait portraituré le petit dauphin mort en 1536 et que son fils François avait fait, pour François Ier, une copie de cette œuvre.

connaître ses travaux? C'est sans motif péremptoire qu'on lui attribue le *Saint Gelais* du Louvre, bon portrait aux tonalités un peu plus chargées en rouge que celles de Jean et de François, à la barbe léchée méticuleusement, aux détails très poussés. Le billet qui l'exhume de l'oubli ne nous apprend rien sur son art, rien sur sa psychologie, ses sentiments d'artiste. Le voici :

A monsieur le chancelier d'Alençon,

Monsieur le chancelier, le Roy de Navarre et moy avons délibéré prendre le peintre, frère de Jeannet, peintre du Roy, à notre service (1); et luy baille le dict seigneur cent livres sur son estat et moy cent. Et pour ce que nous avons nécessairement à faire de luy, pour quelque chose que nous voulons faire, je vous prie incontinent le nous envoyer et qu'il soit icy lundy, pour le plus tard, et vous prie luy faire délivrer quelque argent pour commencer, pour luy donner couraige de bien besongner.

Priant Dieu, monsieur le chancelier, vous avoir en sa sainte garde à Fontainebleau le XXe jour de juillet.

Votre bonne maîtresse,
MARGUERITE (2).

C'est beaucoup et c'est peu. Attendons patiemment la découverte d'un nouveau document. Les archives n'ont pas livré tous leurs secrets, les lettres réservent maintes surprises. Mais tant que nous n'aurons pas une agréable aubaine, abstenons-nous de référer au mystérieux peintre de Marguerite de Navarre ce qui pourrait appartenir à quelque autre. A quoi bon vouloir toujours appliquer un

(1) A l'époque où ce billet fut écrit, c'est bien Jean, rappelons-le, qui était peintre du roi. François avait tout au plus treize ans.

(2) Cette lettre est datée de 1529; elle se trouve dans le manuscrit de Béthune, vol. ancien 8516, fol. 3.

nom sous une œuvre? En devient-elle meilleure? Que les esprits affinés cessent donc de baser sur les noms des auteurs leur admiration pour les œuvres; ne pas aimer ces dernières pour leurs qualités mêmes, c'est ne pas comprendre l'art.

Jean Clouet, nous n'en saurions douter, était très estimé de ses contemporains, à cause de la belle sincérité de sa peinture et de sa pénétrante interprétation des caractères individuels. Les éloges dont on l'enveloppa pendant sa vie et après sa mort ne provenaient pas d'un engouement passager, mais de la dilection que le public a toujours ressentie pour les portraits ressemblants. A la ville comme à la cour, on le salua maître parce que les types écrits de sa main étaient admirablement reconnaissables. Les rares œuvres que l'on a tout droit de regarder comme siennes suffisent pour prouver sa maîtrise et justifier sa renommée. Leur structure proclame que, s'il s'arrêtait volontiers aux minuties, il savait à l'occasion configurer les formes avec ampleur; leurs tonalités témoignent que, s'il avait la vision sobre et le goût des neutres, c'était un harmoniste délicat et un épris de chairs lumineuses. Si la carnation des Montmorency présente un aspect sauré, c'est moins parce que c'est celle d'un vieillard au teint terreux que parce que ses jaunes et ses bruns ont souffert de l'action des âges. Mais, dans les gammes où dominent les orangés charnels, dans le *François Ier*, comme dans les médaillons de la *Guerre gallique*, les visages sont restés clairs. Ceux des seigneurs, à peine altérés, charment par leur exquise fraîcheur, leur

François Clouet. — Madame de Villeroy (Dessin).
(Cabinet des Estampes.)

transparence; fait peu commun dans les miniatures, ils causent une impression d'aquarelle. Et ces chairs nuancées avec une subtilité dont, seul, Fouquet avait donné des exemples (1), s'orchestrent à merveille avec les gris et les noirs finement combinés dans les costumes. Celui qui a construit et vivifié ces effigies, et les dessins de Chantilly et les Montmorency, celui-là mérite sans conteste le titre d'artiste supérieur.

Jean Clouet apparaît d'esprit flamand par sa tendance à relever scrupuleusement les minuties, à respecter les signes particuliers ; mais, par sa manière à la fois large et diligente d'accuser les formes quand il dessinait sur papier ou de bâtir les plans d'une face quand il peignait, il se rattache à notre race. Je ne serais pas étonné si l'on découvrait un jour qu'il fut de ces artistes étrangers dont la formation s'acheva chez nous (2).

Il y a toujours eu maintes affinités entre les fils de la France septentrionale et les nordiques des Flandres, de la Wallonnie et des pays rhénans. Un peintre ou un sculpteur venant de ces régions, sous Charles VIII ou Louis XII, n'était pas dépaysé à Paris; en général, il s'y affinait, et, s'il exerçait ensuite une influence chez nous, c'était pour notre plus grand bien. Les nordiques, avec leur préoccupation constante de vérité, leur esprit d'observation toujours en éveil,

(1) Dans quelques paysages des *Heures* d'Étienne Chevalier (musée Condé).

(2) De très bonne heure, force nordiques vinrent compléter leurs études d'artiste auprès de nos maîtres; tels, au XIVe siècle, Jacques Coene de Bruges, Haincelin de Haguenau, Pol de Limbourg et ses frères.

maintenaient nos artistes dans la saine interprétation des êtres et des choses. Nos sculpteurs du XVe siècle durent beaucoup à Claus Sluter qui, lui-même, devait très probablement quelque chose à nos imagiers du XIVe; nos peintres des années 1300 furent sans doute aussi redevables — les ouvrages manquent, hélas! pour s'en rendre compte — à Beauneveu et à Jehan Bandolf, lesquels n'auraient peut-être pas développé si bien leurs dons sans nos « paingneurs » de l'ère des grandes cathédrales. Fouquet ne perdit rien de ses qualités ethniques pour avoir eu un maître flamand, Jean Clouet n'aurait pu que gagner aux conseils d'un continuateur de notre illustre Tourangeau. Il convient que, de temps en temps, une race reçoive d'une autre race sœur, un afflux de sève, les éléments d'un renouveau artistique. Le rôle des apports adventices est aussi nécessaire à l'évolution d'un art qu'à sa formation. Une grande loi d'universelle fraternité se manifeste par ces échanges entre peuples, en dépit des barrières géographiques ou politiques, et il faut s'en féliciter. Les apports qu'une race accepte du dehors ne lui deviennent funestes que si ses tentatives pour se les assimiler sont illogiquement dirigées.

V

FRANÇOIS CLOUET. — SA VIE.

François Clouet naquit à Tours; et, si l'on ignore encore la date exacte de sa naissance, au moins peut-on l'indi-

François Clouet. — Robert de la Marck, Duc de Bouillon (Dessin).
(Cabinet des Estampes.)

quer approximativement d'après celle de sa mort, dont on est sûr. Ayant trépassé le 22 septembre 1572, il a dû venir au monde vers 1516; car, en 1540, un manuscrit le prouve (1), il remplaça son père dans sa charge de peintre du roi, aux mêmes gages et prérogatives; or, quoique fils d'un maître bien en cour et lui-même sympathique au monarque, eût-il été investi de cette sorte d'une telle fonction, s'il n'avait eu plus de vingt ans?

Formé par son père dont il possédait toutes les qualités, François s'affirma très vite caractériste insigne; et l'on reporta sur lui toute l'estime dont on avait enveloppé Jean. La cour lui prodigua ses faveurs; les poètes, Ronsard en tête, l'auréolèrent de louanges. Le roi trouvait que le jeune artiste marchait déjà très bien sur les traces de son regretté Janet et caressait l'espoir qu'il le dépasserait; il le déclara nettement dans son acte de donation signalé plus haut et lui octroya des lettres de naturalisation. De 1540 à 1546, François resta le seul peintre du roi; il eut ensuite à ses côtés un artiste fort intéressant, que ses portraits en émail classent parmi les bons interprètes de physionomies : Léonard Limosin.

Quand mourut François Ier, en 1547, ce fut notre Clouet qui prit, à Rambouillet, l'empreinte de la face du feu roi. Après en avoir fait aussi un estampage et une étude dessinée, il alla confectionner le moulage à Paris, et, comme le temps pressait, il passa plusieurs nuits avec ses auxiliaires

(1) Bibliothèque nationale, ms. français, 21450. Dès 1540, François Clouet reçut 240 livres comme gages annuels.

pour mener à bien cette besogne assez délicate. Il s'agissait de donner l'illusion du cadavre royal au moyen d'un mannequin costumé et d'un buste en cire coloriée, auquel on appliquait, en se servant de mastic, une chevelure et une barbe postiches. C'est ce que l'on appelait une représentation funéraire. Notre artiste établit le buste en ronde bosse avec de la terre à potier, d'après son propre moulage, puis il en surveilla l'exécution en cire. Il moula et modela de même les mains dans deux poses diverses, les unes jointes pour servir pendant l'exposition de l'effigie, les autres « clozes » de manière à tenir le sceptre et la main de justice au cours des cérémonies funèbres. Quant à la carcasse d'osier que l'on devait recouvrir du costume royal et qu'il fallait, par conséquent, proportionner comme le gisant, un ouvrier l'apprêta sous la direction du jeune maître. Celui-ci fut aussi chargé de peindre les motifs décoratifs des obsèques ainsi que les fleurs de lis des bannières et des enseignes destinées aux gentilshommes, aux archers de la garde et aux Suisses. Ces travaux rentraient dans les attributions des peintres de nos rois (1).

Henri II n'eut garde de se priver des services d'un artiste tel que François Clouet, il le maintint dans ses prérogatives et lui adjoignit le peintre Guillaume Boutelou. Bientôt

(1) Ces peintres, comme tous ceux qui faisaient partie de la maison royale, portaient le deuil des monarques défunts. On leur donnait l'étoffe nécessaire. A la mort de François Ier, notre Clouet reçut six aunes et demie de drap noir à 4 livres l'aune. *Ms. Clairambault*, 1216, fol. 60. Deux ans auparavant, il avait été chargé de la pompe funèbre du petit duc d'Orléans.

François Clouet. — Françoise Babou de la Bourdaisière, dame d'Estrées (Dessin).
(Cabinet des Estampes.)

4

après il manifesta combien il prisait l'éminent protraitureur; en 1551, il le gratifia d'une charge de commissaire au Châtelet (1).

Le maître n'en continuait pas moins, selon la tradition, d'exécuter des travaux d'ordre décoratif. Une quittance nous apprend qu'au début de l'année 1550 il avait peint les devises et les croissants lacés du roi sur le coffre d'un *chariot branslant* fabriqué par Francisque de Carpy, menuisier italien établi à Paris. Les comptes nous informent qu'en juillet 1559 il organisa les obsèques et les pompes funèbres de Henri II, répétant pour ce roi ce qu'il avait fait pour son prédécesseur. A partir du règne de François II, sa situation devint magnifique; on ne se lassait point de sa manière qui, d'ailleurs, répondait à merveille au goût français et nul rival ne lui portait ombrage. C'est enveloppé d'honneur et de gloire qu'il rendit l'âme (2).

La veille de sa mort, le 21 septembre 1572, il avait fait son testament en présence du curé de Saint-Merry, sa paroisse; il léguait 1200 livres à ses deux filles naturelles, Diane et Lucrèce, et une rente de 600 livres sur l'hôtel de ville à sa sœur Catherine, épouse d'Abel Foulon. Celle-ci

(1) Bibliothèque nationale, fonds français, 5128, p. 59. Ces charges vénals étaient octroyées comme récompenses et se revendaient; François céda la sienne à un certain J. Paulmier.

(2) A une époque encore inconnue, il avait été appelé au contrôle général des effigies de la Monnaie. S'il n'eut pas la charge même de contrôleur, il est certain qu'il en remplit les fonctions, car on sait qu'il fut mandé, le 9 décembre 1569, à la Cour des Monnaies, pour émettre son avis sur la valeur d'un nouveau poinçon à l'effigie de Charles IX, que venait de graver Claude de Héry.

revendiqua la succession de son frère et obtint les autres biens : une maison de rapport, rue Saint-Avoye, celle même dans laquelle il mourut, et quelques arpents boisés dans la forêt d'Orléans (1).

Le dernier compte relatif à François date de 1570; il nous fait savoir que, l'année même où il portraitura si splendidement François de Coligny et si précieusement le *Charles IX* destiné à la cour de Vienne, le maître peignit aussi des bannières.

VI

SES PORTRAITS PEINTS ET SES MINIATURES.

Force portraits, peints et dessinés, ont été naguère attribués à François Clouet simplement parce qu'ils représentaient avec beaucoup de soin des personnages du XVIe siècle. En réalité, il y a bien une soixantaine de dessins, au Cabinet des Estampes, au Louvre et au musée Condé, dont tout permet de le dire l'auteur; mais on ne peut considérer comme siennes que très peu de peintures. Ce sont les portraits équestres de François Ier (Uffizi, Florence) et de Henri II (chez MM. Lawrie, Londres), les portraits sur panneaux de François de Guise (Louvre), de Charles IX

(1) La maison de François, dite du chapiteau, payait un cens, en raison de sa situation, à la commanderie du Temple. Un acte conservé aux Archives nationales (S. 5065) nous apprend qu'il la possédait au moins depuis 1571.

François Clouet. — Guy du Faur, sieur de Pibrac (Dessin).
(Cabinet des Estampes.)

(musée de Vienne et Louvre), d'Élisabeth d'Autriche (Louvre); les portraits en miniature de Henri II (Cabinet des Estampes), de Catherine de Médicis et de Charles IX (Trésor impérial de Vienne) et de Marie Stuart (collection de Windsor).

Tous ces portraits de François valent par leur structure comme par leur réalisation picturale, et chacun d'eux fixe avec rectitude des caractères moraux, une individualité.

François Ier, sur son portrait équestre, paraît trente ans environ; en vérité, il a été exécuté aux dernières années du roi, entre 1541 et 1545. C'est une figuration stylisée et, pour la face, idéalisée en un âge de pleine robustesse. Les galbes en sont d'un dessin quelque peu sec, et leur facture précieuse ne les déraidit guère, mais elle a grand air et sa silhouette engendre un heureux effet décoratif. L'harmonie des teintes en est fine, les rouges carminés s'épanouissent agréablement sur la tunique du cavalier et le caparaçon du destrier. A une époque inconnue, cette œuvre passa dans la galerie de Mesmes, où Gaignières la fit copier, convaincu, comme son possesseur, que François l'avait peinte (1). Or, Gaignières a laissé le renom d'un collectionneur très averti, circonspect non moins que raffiné. Est-ce l'œuvre acquise par de Mesmes qui se trouve maintenant aux Uffizi? On en peut douter, car c'était là une représentation officielle et l'on en demanda plusieurs répliques au maître. Les Florentins ne possèdent peut-être

(1) Cette copie se trouve aujourd'hui au Cabinet des Estampes, Oa 16, fol. 14 (Recueil Gaignières).

qu'une répétition, mais rien n'empêche de la croire de François, puisque les artistes les plus grands effectuaient de tels doubles. Il leur fallait fréquemment reproduire certaines effigies, les hauts personnages ayant, en mainte circonstance, besoin de plusieurs exemplaires de leur image. Le Louvre conserve encore une autre réplique, — en miniature celle-là, — du portrait équestre de François Ier; elle se recommande par assez de grâce et de solidité pour que l'on se sente entraîné à l'accorder au maître. Assurément, elle dérive d'un gentil miniaturiste.

Le portrait équestre de Henri II semble avoir été calqué sur le François Ier dont il vient d'être question; il en a tout le caractère, les mêmes qualités et les mêmes défauts. Construit d'après des documents et brossé non sans crânerie, vers 1559, c'est une grande image sèche et puissante. Jodelle signale un Henri II représenté à cheval, en triomphateur, par notre Clouet, sous une sorte de portique (1). On ne saurait dire si le portrait parvenu jusqu'à nous répète cette peinture, aujourd'hui perdue, ou bien un autre original. En tout cas, il porte nettement la marque de François (2).

Ce genre de portraiture, où la réalité se mêle à la convention, rappelle ces antiques images de monarques égyptiens et assyriens que l'on construisait d'après un canon.

(1) Jodelle, *Recueil des inscriptions, figures et masquarades ordonnées en l'hôtel de ville de Paris, le jeudi 17 de février 1558*. Paris, Weckel, 1558, in-4°, fol. 35.

(2) On n'en peut dire autant de la réplique en miniature de ce Henri II que conserve le musée Condé.

François Clouet. — Guy Chabot, baron de Jarnac (Dessin).
(Cabinet des Estampes.)

C'est le même système perfectionné. Chez nous comme en Orient, on visait à rendre le portrait plus royal, à l'empreindre d'une majesté propre à frapper le vulgaire.

Le petit portrait de François de Guise (1560?) appartint à Gaignières, qui le tenait pour un Clouet; fions-nous d'autant mieux au sentiment de cet amateur compétent que ce panneau attire l'attention par un caractérisme expressif et une facture assez vive en certaines parties. Toutefois, dans l'œuvre d'un maître comme François, une telle peinture compte peu, elle n'a guère que la valeur d'une étude.

Sur le tableau de Vienne, Charles IX se dresse sous sa stature naturelle, et ce format a sans doute gêné l'auteur. Si le visage du prince parle, les autres formes sentent un tantinet le mannequin; néanmoins l'ensemble est royal. Les détails du costume sont, comme dans toutes les peintures de François, traduits à souhait, surtout le bandeau de pierreries, bon spécimen de notre orfèvrerie, l'ornementation de la ceinture, les broderies du justaucorps et des rhingraves bouffantes. Pendant longtemps, on a daté ce tableau de 1563, son inscription ayant souffert (1); en vérité, il a été fait vers la fin de 1569, — l'âge qu'accuse le roi, né en 1550, achève de le démontrer — lorsque s'élaborait le mariage de Charles IX avec Élisabeth d'Autriche.

Le petit panneau du Louvre où piète ce prince dans une attitude analogue fut peint vraisemblablement à la même époque et par le maître, car l'écriture en est artiste. Je le

(1) Cf. Anatole Gruyer, *Charles IX et François Clouet* (*Revue des Deux Mondes*, t. LXXII, p. 585).

considérerais plus volontiers comme une étude très poussée, ayant servi à l'exécution du grand tableau, que comme une réplique. La manière de travailler de Clouet autorise cette conjecture.

Envoyés à Vienne pour révéler à la fille de Maximilien II les traits de son futur époux (1), ces deux portraits revinrent à Paris, avec tant d'autres œuvres, à la suite de la campagne de Napoléon Ier en Autriche. Et lorsqu'en 1815, les Alliés reprirent leur bien, les Autrichiens se contentèrent, heureusement pour nous, du grand portrait. Le petit, quoique caressé avec un peu de préciosité, laisse une bien meilleure impression. Tout y trahit un goût parfait. La physionomie du roi, gentiment modelée, inspire de la sympathie; ses mains charment par leur structure. Les noirs veloutés du justaucorps, les blancs jaunâtres soyeux des manches et des rhingraves constituent, avec les divers orfrois, une harmonie sobre et riche.

Le portrait d'Elisabeth d'Autriche, si justement célèbre, fut œuvré suivant toute apparence en 1571, après l'arrivée de la jeune reine à Paris. Le dessin en est sérieux, l'attitude heureuse en sa simplicité. Le visage, dont tous les traits respirent la sérénité, se couronne d'une coiffure en arcelets qui le fait délicieusement valoir. Les mains, réu-

(1) C'est seulement le 27 novembre 1570, trente-deux jours après son mariage par procuration, à Spire, qu'Elisabeth se rencontra, pour la première fois, avec son royal époux. L'entrevue eut lieu à Mézières, dans les Ardennes. Le contrat qui l'accordait à Charles IX avait été signé quelques mois auparavant, le 14 janvier. Couronnée à Reims, le 26 mars 1571, la jeune reine fit son entrée solennelle à Paris trois jours plus tard.

nies avec un abandon qui corrobore les indices de caractère livrés par la physionomie, équilibrent fort bien l'ensemble. Les yeux, intelligents et bons, un peu voilés d'apathie et de mélancolie, le front pensif et épris d'idéal élevé disent la vie intérieure de cette princesse belle de solides vertus (1).

Les chairs, aux modelés suaves, sont lumineuses et d'une rare unité; même du côté de l'ombre, les gris neutres conservent une transparence. Cette peinture suffirait pour prouver que son auteur avait un sens très affiné des valeurs; les tonalités des lèvres ont été posées sans liaison apparente avec les tons voisins, et cependant la bouche ne présente aucune dureté. Le corsage bouillonné et la parure, les effets de la soie, de l'or et de l'argent sont merveilleusement interprétés. La collerette goderonnée, vrai motif ornemental et douce symphonie en blanc, a été peinte avec amour, cela se devine, et comme par des mains de fée. Les perles, les pendeloques et les carcans d'orfèvrerie jouent un rôle décoratif dans la contexture des lignes et tiennent une partie dans l'orchestration des tonalités. Le maître n'excellait pas seulement à caresser la matière, il savait animer les étoffes, les bijoux et jusqu'aux moindres riens. Toutes ses ressources de minia-

(1) Cf. sur Elisabeth : Brantôme, t. IX et Hatton, *Mémoires*. Comme elle n'était pas vêtue à notre dernière mode, comme elle était de petite taille et ne portait pas de patins, la jeune princesse parut innocente et sans beauté à presque tous les seigneurs et dames de la cour. Ils n'en pouvaient comprendre la grâce simple; leur esprit était trop dépravé, leur goût trop grossier

turiste, et elles étaient peu communes, il les a déployées dans ce portrait d'Élisabeth. Subordonnés à l'effet d'ensemble, les divers détails et les différents tons y concourent à former une harmonie tendre et grave, très en rapport avec l'esprit de la princesse. Ce pur chef-d'œuvre doit être regardé comme l'un des joyaux de l'école française (1).

Dans les miniatures de François, nous retrouvons, bien affirmées, ses qualités de constructeur de formes, d'interprète de physionomies et d'harmoniste de tons. Le portrait sur parchemin de Henri II, très travaillé — on pourrait même dire trop, tant les plans de la tête sont méticuleusement modelés — a la solidité d'une peinture à l'huile. Quoique finement gouaché, il cause une impression de lourdeur. Ce buste, aujourd'hui aux Estampes, illustrait un livre d'heures de Catherine de Médicis; au XVIIe siècle, on l'en détacha et Gaignières en fit l'acquisition, le sauvant ainsi de toute mauvaise aventure (2). Le roi, dont le visage décèle de la fatigue ou de l'ennui, paraît être entre trente-cinq à quarante ans. Sans doute fut-il peint peu avant sa mort (10 juillet 1559) ou plus tard d'après les propres études du maître. Il ne semble pas que notre artiste ait exécuté d'autres miniatures pour ces Heures, car, sauf les effigies de François Ier, de

(1) R. de Gaignières posséda ce portrait, qui provient de l'ancienne collection du Louvre.

(2) Ce livre d'heures fait partie aujourd'hui des collections du Louvre. A la place de Henri II, on a mis l'effigie du vicomte de Martigues.

Louise de Savoie et de Catherine de Médicis en 1572 (1), la plupart ont une configuration bien anodine et plusieurs, comme le Henri III en 1581, et les Catherine en 1580 et 1585, sont postérieures à la mort de Clouet. Si ce dernier avait été chargé de peindre quelques-unes de ces têtes, dont celles de Charles IX et d'Élisabeth d'Autriche, qui rappellent mal ses fameux portraits, vraiment il aurait accompli sa besogne comme un pensum ennuyeux, avec d'incroyables négligences.

La Catherine de Vienne a été faite selon toute vraisemblance en 1571 ; car un registre des comptes de l'Épargne de l'année suivante nous apprend que Clouet reçut le paiement de cette effigie au mois de mai (2). La boîte d'or où elle repose exhibe sur l'une de ses faces extérieures le chiffre de Charles IX — deux C enlacés que surmonte une couronne royale fermée et qu'entoure une couronne de fleurs et de fruits — et sur l'autre sa devise : deux colonnes avec la Piété et la Justice. Enfin il contient un portrait du même prince ; et, comme cette miniature reproduit à la perfection l'une des têtes que dessina François, il ne faut pas craindre de la croire de ses mains, quoique le document précité ne la mentionne pas. Quel peintre aurait pu vivifier une physionomie, d'après une

(1) Louise de Savoie a certainement été faite d'après des documents, car à la mort de cette princesse François avait tout au plus quinze ans. Catherine a le type d'une commerçante enrichie et épanouie.

(2) Bibliothèque nationale, ms. Clairambault, n° 233, p. 2992. C'est M. Mazerolle qui fit cette importante découverte. Cf. *Revue de l'art chrétien*, 1889, t. VII, p. 416-419.

étude de Clouet, mieux que Clouet lui-même ? Pourquoi se serait-on avisé de lui enlever une mission qui lui revenait tout naturellement ?

Pour la même raison, considérons comme son œuvre la *Marie-Stuart* de Windsor. Celle-ci ne reflète pas trait pour trait, elle évoque avec une analogie d'écriture très sensible, un dessin de François. Entre ce dessin, qui date de 1558, et la susdite miniature, il y a une indiscutable parenté. La future reine d'Écosse, vêtue d'un rose réjouissant, qui s'accorde assez bien avec le fond outremer, est d'une exquise facture ; Charles IX et sa mère sont splendidement fouillés, ce qui ne rend pas la terrible et grasse *royne* plus sympathique, au contraire (1).

VII

SES DESSINS DE L'ANCIEN ALBUM FOULON.

Malgré leur valeur, les peintures et les miniatures de François ne nous manifestent pas, dans sa plénitude, sa puissance réalisatrice. Bien autrement vigoureux, impres-

(1) Ces portraits et leur écrin furent exécutés pour la reine d'Espagne Anne-Marie d'Autriche. La mode exigeait ces sortes de cadeaux entre princes. Les fréquentes relations qu'entretenaient les deux branches de la maison de Habsbourg expliquent que ce bijou soit maintenant à Vienne. Étant donnée la date de son exécution, il aurait dû contenir l'effigie d'Élisabeth, épouse de Charles IX, plutôt que celle de Catherine ; mais celle-ci se considérait comme un vrai ministre des affaires étrangères, peut-être comme la vraie reine, et elle entendait que sa bru restât dans une discrète pénombre.

François Clouet. — Louis de Bérenger, sieur du Gast (Dessin).
(Cabinet des Estampes.)

sionnants et artistes apparaissent ses portraits crayonnés. Ce sont d'admirables interprétations, à la fois hardies et sévères. Aussi sûrement construits que les têtes peintes, ils expriment plus encore ; ils ont cette souplesse et cette acuité, ce quelque chose d'intime que l'on chercherait en vain dans la meilleure peinture. Travaillés sur le vif, ils nous mettent en contact direct avec des personnalités, ils nous livrent des physionomies au dernier point parlantes.

Les plus remarquables enrichissent le Cabinet des Estampes. Ils proviennent d'un album que possédait le neveu du maître, peintre comme lui, Benjamin Foulon, et qui finit par tomber entre les mains d'un certain Lecurieux, lequel, en 1825, vendit à la Bibliothèque nationale ce trésor inestimable qu'il n'était pas en état d'estimer. C'est M. Bouchot, le savant conservateur des Estampes, qui reconnut — tous les épris d'art lui en seront reconnaissants — qu'une bonne partie de ces dessins pouvait être très raisonnablement attribuée à François Clouet (1).

Les 57 dessins de cet album ont au moins deux auteurs très distincts, on le constate d'un simple coup d'œil. Vingt-deux portraits de contemporains de Henri IV suintent la banalité et la plupart doivent être imputés à Foulon, car leur facture se rattache à celle de l'un d'eux qu'il a sigillé de son nom. Trois au plus font exception (2).

Les effigies attribuables à François sont celles de per

(1) Henri Bouchot, *Les portraits aux crayons*, p. 48-52.

(2) Si ces dessins ne sont pas des copies, il faut les regarder comme l'ouvrage d'un ou de deux inconnus, qui les auraient exécutés vers 1550.

sonnages portraiturés entre 1558 et 1571. Chose notable, il est impossible que l'une d'elles soit postérieure à 1572, c'est à-dire à la mort du maître. Pour contester qu'elles soient son œuvre, il faudrait supposer qu'elles reproduisent des originaux; or, sauf deux, toutes ont cette fraîcheur d'exécution, ce charme particulier qui caractérisent les dessins d'après nature. Comment Benjamin aurait il eu, si ce n'est par son oncle, ces portraits de personnes qu'il n'avait pu connaître? M. Bouchot présume donc que François, n'ayant pas d'enfant artiste, fit don à son neveu de ses albums d'*études*. C'était bien naturel, Benjamin embrassant la même carrière que lui; on ne voit pas quelle meilleure hypothèse pourrait être échafaudée.

Les dessins de François ont été travaillés, comme l'Élisabeth du Louvre, avec un soin très intelligent, un rare souci de noter les valeurs et les dégradations des modelés — voire, dans quelques-uns, les minuties des costumes et des parures — partant en vue de s'en servir pour peindre sur panneau. Le maître a si bien tracé ces études pour ses propres besoins qu'il n'a mis sur aucune des feuilles les noms des portraiturés (1). Or ses confrères n'omettaient jamais ce détail lorsqu'ils désiraient vendre des effigies crayonnées, ce qui s'explique du reste puisque les amateurs achetaient surtout des noms. Donc les conjectures les plus plausibles induisent à regarder les meil-

(1) C'est Benjamin Foulon lui-même qui a écrit les noms et les mentions que l'on remarque sur la plupart d'entre elles. On a reconnu son écriture.

leurs dessins de l'album Foulon comme des œuvres de François Clouet.

Ces dessins sont au nombre de trente-cinq; les voici dans l'ordre qu'ils occupaient jadis :

Jeune homme anonyme (1565?). — Mme de Villeroy (Magdeleine de l'Aubespine, femme de Nicolas de Neuville, seigneur de Villeroy et secrétaire d'État). — Philippe Strozzi, sieur d'Épernay (1567, date postérieure au dessin d'après M. Bouchot). — Madeleine Leclerc du Tremblay, épouse de Sébastien Zamet, baron de Murat, surintendant de la maison de la reine. — Claude II de l'Aubespine, baron de Châteauneuf. — Claude Catherine de Clermont, duchesse de Retz (1570). — Henri-Robert de la Marck Bouillon. — Léonore Breton, dame du Goguier (vers 1569). — Robert IV de la Marck, duc de Bouillon (1569). — Jeanne Chasteignier de a Rocheporay, dame de Schomberg. — Albert de Gondi, duc de Retz (qui fut chargé, avec Neuville-Villeroy, par Charles IX, d'aller recevoir à Spire la reine Élisabeth). — Françoise Babou de la Bourdaisière, dame d'Estrées. — Guy du Faur, sieur de Pybrac, président au Parlement de Toulouse. — Françoise d'Orléans-Rothelin, princesse de Condé. — Louis Dubois, sieur des Arpentis, maître de la garde-robe du roi. — Denise de Neuville-Villeroy, dame Clausse de Fleury depuis 1568. — François de Valois, duc d'Alençon (1559 ou 1560). — Hélène ou Henriette de Tournon. comtesse de la Baume-Montrevel. — Guy-Chabot, baron de Jarnac. — Jeanne de Laval-Loné, dame de Seneterre, dame d'honneur de la comtesse de Soissons. — François de Coligny. sieur d'Andelot (1569). — Jeune femme vers 1565 (Renée de Rieux, d'après M. Bouchot). — M. de Morvilliers. — Mme Liébaud. — Louis de Bérenger, sieur du Gast (1570). — Marguerite de Valois (portrait présumé de la fille de Catherine de Médicis). — Jean de la Burte ou de Barta. sieur d'Anjac, chancelier de Navarre. — Marquise de Lenoncourt (Marguerite de Broyes, puis dame de Rohan, princesse de Guéménée), femme d'un gentilhomme de la chambre sous Henri II. — Jean de Léaumont, sieur de Puigaillard. — Philippe de Montespedon (plus tard princesse de la Roche-sur-Yon). — Jeanne d'Albret. — Vincent de Gonzague, duc de Mantoue. — Mlle du Val le Grand (personne inconnue qui pourrait être une certaine Élisabeth Duval, peintre portraitiste). — Odet de Coligny, dit le cardinal de Châtillon (1570). — Isabeau de Hauteville (même année), femme du précédent (1).

(1) Même si l'on n'avait reconnu l'écriture de Foulon, on ne pourrait attribuer à François les inscriptions de ces dessins, à cause du libellé de

Ces dessins ont été disjoints; afin de les conserver dans de meilleures conditions, on les a collés sur des cartons et on les serre dans des boîtes. Comme ils ont été travaillés à la sanguine ou aux crayons de couleur, cette précaution s'imposait (1). Six seulement ont quelques défectuosités, tous les autres sont expressifs et révèlent des âmes. Quelques-uns frappent d'admiration par leur contexture supérieure et leur belle vie. Tels ceux qui représentent les deux Coligny, Isabelle de Hauteville, les deux la Marche, Jarnac, du Gast, des Arpentis, Gonzague, la marquise de Lenoncourt, Puigaillard, Pibrac et Gondi.

La tête de François de Coligny, réalisée avec une magistrale simplicité de moyens, est une interprétation très synthétique où ne manque rien d'essentiel. Les modelés en sont à la fois précis et enveloppeurs; les yeux, en impeccable perspective, reflètent une flamme intérieure. Quant aux jeux de crayon, ils donnent bien l'impression de la chair et, sur les lèvres, étalent de fines dégradations de teintes. Odet de Coligny et son épouse Isabeau offrent des faces non moins parlantes, non moins largement traitées,

quelques-unes. Celle qui se trouve près de la tête de du Gast nous apprend que ce personnage fut tué par le baron de Vitcaux; celle qui concerne Jeanne d'Albret signale cette princesse comme mère de « Henri 4e ». Or François, ayant trépassé en 1572, n'a pu mettre de telles indications. Il n'a pu davantage écrire que Mme de Villeroy mourut en 1596, Philippe de Montespedon en 1578, Mme de Seneterre en 1646; que Gonzague épousa, en 1584, Éléonor de Médicis, sœur de la reine, et Jeanne Chasteignier Gaspard de Schomberg en 1573.

(1) Ainsi braveront-ils mieux les siècles. Toutefois il conviendrait que ceux qui se les font communiquer les traitassent avec le respect dû aux belles œuvres. On voit par les souillures des cartons qui encadrent quelques-uns de ces dessins que maints barbares les ont vilipendés.

et leur costume est traduit en quelques traits typiques à la Holbein.

Robert IV de la Marck a des formes souples et fermes agréablement modelées au crayon marron-orangé (1). Des Arpentis et Pibrac, au regard inoubliable, rayonnent une abondante vie intime. Gonzague, par l'esprit et la sûreté de son dessin, annonce Dominique Ingres. Les plans de son visage, les mèches de sa chevelure sont établis avec autant de naturel que de savoir. Ses yeux gris clair à peine bleuis attirent par leur transparence et retiennent par leur éloquence. La physionomie intelligente et grave de la marquise de Lenoncourt est travaillée avec un tact exquis.

Plusieurs de ces têtes sont si merveilleusement teintées, avec un sentiment si juste des valeurs, qu'elles semblent des peintures à l'huile ; ainsi celles de Jarnac, de du Gast, de Gondi, aux tonalités vigoureuses, celle de Puigaillard, aux harmonies savantes, celle de Pibrac, dont les multiples nuances causent l'illusion d'une chair palpable. D'autres, celles de Gonzague et de Mme de Lenoncourt, présentent des effets de pastel ; en outre, la seconde enchante par sa gamme un tantinet fanée. La barbe de François de Coligny s'avive d'une teinte précieuse de sépia orangée ; celle d'Odet grisonne au moyen d'un ingénieux assemblage de noirs et de roux, parmi lesquels opèrent les blancs du

(1) M. Bouchot incline à voir dans ce portrait une copie faite par François d'après un de ses propres dessins ; s'il en est ainsi, c'est une excellente copie.

subjectile; celle de Jarnac, dont la facture rappelle les Primitifs, et celle de du Gast sont d'un châtain clair très juste.

On peut ranger aussitôt après ces œuvres, pour leurs qualités artistes, les portraits du jeune anonyme, de Renée de Rieux, de Jeanne d'Albret, de la présumée Marguerite de Valois, de François d'Alençon, de Strozzi, de Mme de la Bourdaisière, de Mme de Retz. Les quatre premiers sont très délicatement modelés. Sur le visage de l'inconnu, le maître a traduit les demi-teintes par des frottis de crayon noir et les clairs par de légères traînées de sanguine entre lesquelles le papier exécute au mieux sa partie. Ainsi s'effectue un mélange optique qui procure une sensation de chair suavement dégradée. Renée séduit par ses teintes lumineuses (1), Jeanne par sa physionomie vraiment noble, que poétisent des tonalités fondues sous l'action du temps. Marguerite se recommande par un nez et une bouche délectablement écrits, des cheveux frisotés d'un rare intérêt ornemental; et elle produit un curieux effet avec son visage à peine teinté où ses lèvres, quoique rougies sans excès, mettent une note intense. La galante Bourdaisière, à la face également pâle, se distingue par sa bouche amincie et ses iris pervenches. Strozzi et Mme de Retz montrent deux cas de physionomie nulle rendue presque attachante par la puissance transformatrice d'un artiste. Avec ses gros yeux azur brouillé, la seconde qui, paraît-il, ne man-

(1) Dans ce portrait, sur la plume de la toque, le maître a noté des indications de couleurs.

François Clouet. — François de Coligny, sieur d'Andelot (Dessin).
(Cabinet des Estampes.)

quait pas d'esprit, a un air vaguement bovin, mais comme on l'oublie à ne regarder que les jeux du crayon : nuances légères du visage, modelés presque vaporeux, détails du costume et du collier (1)!

L'image du petit François d'Alençon exprime bien les caractères de l'enfance, par la pose des mains comme par la délinéation des formes ; et les yeux parlent à ravir.

C'est encore avec un art peu commun que le maître a figuré M. de la Burte, la princesse de Condé, amusante sous sa toque à plume, la comtesse de Montrevel, au très seyant béguin de veuve, Mmes de Schomberg, de Villeroy et de Fleury, aux têtes diversement banales, même Philippe de Montespedon, au masque mafflu de duègne du vieux répertoire, et Mlle Duval, au type hommasse, au sourire éginétique.

VIII

SES AUTRES DESSINS.

Les autres dessins attribuables à François Clouet proviennent de la bibliothèque Sainte-Geneviève, ils représentent .

Un anonyme homme (1555 ?). — Un anonyme femme en chaperon et collerette en fraise (id.). — Marie Stuart (1558 ou 1559, seul portrait authentique de cette princesse). — Marguerite de Valois (vers 1563). —

(1) C'était, avec Marguerite de Valois, une coquette irrésistible, une Circé, au dire de son entourage. Elle avait épousé en secondes noces l'aventurier Albert de Gondi.

La même (1566-1567). — Charles IX (1565). — Jacqueline ou Jacquette de Longwy-Givry, comtesse de Bar-sur-Seine, duchesse de Montpensier (vers 1569). — L'amiral Gaspard de Coligny (1570). — François de Valois, duc d'Alençon (1570). — Hélène de Tournon, dame de Vassalieu, depuis dame de la Baume, comtesse de Montrevel (vers 1570). — Charles IX (1570 ou 1571). — Élisabeth d'Autriche (1571, papier très abîmé). — Françoise de Brezé, depuis comtesse de Maulevrier, dame de Fleurange et duchesse de Bouillon (?). — Marie de Clèves, princesse de Condé.

Ces portraits se recommandent par les mêmes qualités de structure, d'expression et de vie que leurs congénères de l'ancien album Foulon. Les plus magistraux sont ceux de Marguerite, fillette, du Charles IX jeune homme et de Gaspard de Coligny.

La future reine Margot est une délicieuse interprétation de bachelette, aux modelés obtenus avec une admirable simplicité, à la chair transformée en fleur diaphane par un frottis caressant. Charles IX captive l'attention par son masque psychologiquement buriné, aux demi-teintes établies avec une heureuse vigueur en noir et sienne brûlée. Les yeux, merveille de réalisation, sont inquiétants comme ceux de certains névropathes, la bouche a quelque chose de mauvais, le nez grossier accuse de l'animalité. C'est d'après ce dessin, d'une saisissante humanité, qu'a été faite la miniature du Trésor de Vienne. Postérieur de quinze ou vingt mois aux Charles peints par Clouet en 1569, il indique quel profond changement s'était opéré en ce prince pendant cet intervalle (1).

Gaspard, excellemment construit, comme ses deux

(1) Ce portrait est celui qui se trouve dans un encadrement de bristol bleu.

François Clouet. — Marquise de Lenoncourt (Dessin)
(Cabinet des Estampes.)

frères, est non moins significatif. Ses yeux gris d'acier, d'une extraordinaire acuité, suffiraient pour le classer parmi les fortes œuvres. De savoureuses tonalités animent sa chair. Deux autres images du même Gaspard, et voisines de la précédente, pourraient bien être sorties des mains de notre François. La première, de petit format, semble un beau travail préparatoire de miniaturiste ; on y remarque une barbe subtilement fouillée et des colorations ingénieusement constituées sur les joues avec de la sanguine. Sur la seconde, la face seule a été travaillée, mais de la meilleure manière.

Charles IX en 1565, la blanche et rose Jacqueline de Longwy, à l'air plutôt bonnasse, et Hélène de Tournon retiennent ensuite par le dessin de leurs physionomies. Hélène a plus d'intelligence et de distinction dans ce portrait que dans celui de l'album Foulon. Marie Stuart, avec sa fraîcheur (elle avait alors seize ou dix-sept ans), ses prunelles dans le vague, sa chevelure dûment calamistrée, évoque assez bien une agnelle. Des modelés vaporeux enveloppent son clair et pâle minois à peine touché par le crayon ton de chair (1). Élisabeth n'a pas sa place parmi les chefs-d'œuvre du maître, mais ses traits n'en sont pas moins éloquents et ses modelés suaves. Le nez est très écrit, la lèvre inférieure a de bonnes dégradations. Marie de Clèves exhibe des formes molles ; un

(1) Sans doute est-ce pour faire valoir sa pâleur naturelle, pour se présenter en une séduisante harmonie d'analogues, que, contrairement à l'usage de notre cour, elle adopta le blanc pour son costume de mariée ; la première des reines de France, elle prit cette initiative.

gros nez achève de la vulgariser; et, dans sa face blanchâtre, ses lèvres paraissent saigner. Tout, dans la présumée dame de Fleurange, dénote une vie végétative.

Il y a encore, aux Estampes, trois effigies que leurs qualités et leur somme d'art permettent d'attribuer à François : celle, très curieuse, d'Antoine de Bourbon, roi de Navarre (1547), prestement enlevée en esquisse, celle de François II éphèbe, bien modelée, bien teintée, bien vivante, et celle d'un Charles IX garçonnet silhouettée, d'un tour aimable, dans un entourage ornemental.

Six dessins de l'ancien album Foulon ont des imperfections, ai-je dit plus haut. En effet, les portraits de l'impressif l'Aubespine et de l'insignifiant Morvilliers, ne sont pas partout d'une délinéation très solide; les contours du second manquent même beaucoup de fermeté du côté lumineux. Néanmoins on ne saurait, pour cette raison, les refuser à François, les maîtres ayant leurs moments de lassitude, de faiblesse et aussi de négligences. L'effigie de Mme de Seneterre n'est pas non plus des mieux écrites, elle a tout l'aspect d'une copie lâchée; toutefois la bouche et les yeux — ces derniers bien lunaires — sont significatifs. Quant aux trois autres dessins, leur infériorité ne se peut contester. La dame du Goguier, grasse, blanche et rose, expose des rondeurs tellement ennuyeuses que l'on se prend à douter qu'elle soit de François. Mais cette personne était si trivialement adipeuse, que nul portraitiste sincère n'en eût tiré meilleur parti. La dame Zamet, blafarde avec du carmin aux pommettes comme une tête fardée, choque

FRANÇOIS CLOUET. — JEAN DE LÉAUMONT, SIEUR DE PUIGAILLARD
(Dessin).
(Cabinet des Estampes.)

par ses sourcils filiformes, sa bouche misérable, son oreille plutôt indigente. Le maître dut être mal impressionné par cette tête froide, voire glaciale, aux lèvres égoïstes, et il resta certainement insensible devant l'inanité de Mme Liébaud, car celle-ci, tout le crie, a été bâclée sans pitié. La bouche n'existe pas, les modelés sont poussés au noir du côté de l'ombre et l'indication du costume n'est pas précisément artiste.

Les costumes de quelques-uns des personnages précités intéressent par l'intelligente traduction de leurs minuties, tels ceux de Renée de Rieux, à l'accorte collerette, et de Jeanne d'Albret, ainsi que la partie supérieure de celui de Marguerite. Ceux des autres sont prestement configurés, certains, comme ceux d'Odet et de sa femme, en quelques traits essentiels et définitifs. Les chevelures de Gonzague et de Mme de Seneterre, la barbe d'Odet présentent de bons exemples d'interprétation synthétique; les cheveux et la barbe de Gondi, de Puigaillard et de du Gast des spécimens de représentation valant par le naturel. La chevelure et la coiffure de la marquise de Lenoncourt constituent une magnifique contexture de détails.

Il va sans dire que les caractères individuels des divers portraiturés dont il a été question sont excellemment manifestés.

On reconnaît en François de Coligny un morose s'ennuyant avec dignité, en Gaspard, le moins sinistre des trois frères, en dépit de ses yeux d'aigle, un énergique jusqu'à la dureté, en Odet un opiniâtre acariâtre, un fâcheux solennel. L'épouse de ce dernier, au contraire, a l'air sociable. Ses prunelles, où semble luire un crépuscule bleuissant, son nez et ses lèvres indiquent une certaine bonté. Les yeux châtains de Marguerite laissent voir quelque tendresse et déjà force sensualité. Robert de la Marck respire la franchise et la martialité. La vulgarité d'Henri-Robert, au nez légèrement de travers, est traduite sans euphémisme; elle est même plutôt corroborée par son chapeau en demi-cloche. Des Arpentis reflète les qualités d'un brave homme. L'épais Strozzi, avec son regard éteint et ses traits résolus, décèle un bizarre mélange de vigueur physique et d'inhibition morale. Les yeux d'acier de Jarnac n'inspirent ni confiance, ni sympathie. Les yeux félins de du Gast ont une lueur qui ne dit rien qui vaille, son nez un tantinet retroussé dénote une propension à la médisance, au mensonge, et tout, dans son masque, accuse un esprit capricieux, insidieux, malfaisant.

La marquise de Lenoncourt rayonne une intelligente gravité. La princesse de Condé, au nez voluptueux, offre un type curieux d'imaginative sceptique. Philippe de Montespedon, dame d'honneur de Catherine, paraît excessivement convaincue de son importance, mais, malgré ses prétentions, ne dépasse pas l'orgueil des pires enrichis. La peu attractive Hélène de Tournon gâte par de la rigidité la petite somme de distinction qu'elle possède. Le noirâtre Claude de l'Aubespine a la mine d'un irascible peu commode. D'Élisabeth, émane une très grande douceur. Les tares de dégénéré du Charles IX de 1570, l'air quelque

François Clouet. — Marguerite de Valois (?) (Dessin).
(Cabinet des Estampes.)

peu ingrat du d'Alençon de la même époque sont implacablement fixés. Et combien lisibles les expressions animales du piètre condottière Gondi, de Mme de Retz et autres pauvres êtres de ce genre! Que d'utiles documents humains dans toutes ces œuvres! En les examinant avec soin on arrive à découvrir dans la plupart d'entre elles jusqu'aux nuances du caractère. Il y a, dans les meilleures de ces têtes, des éléments de psychologie très précieux pour les historiens.

Souhaitons que cette merveilleuse collection de dessins passe au Louvre, où notre école du XVIe siècle est encore insuffisamment représentée. Les raisons qui motivèrent le passage aux Estampes de la collection de Sainte-Geneviève n'étaient guère discutables; le sont-elles davantage, celles qui font désirer la translation de ce trésor inestimable dans notre grand musée? Là, du moins, tous les amis de l'art pourraient le contempler.

IX

ŒUVRES QU'ON LUI ATTRIBUE. — OUVRAGES PERDUS.

Au Musée de Chantilly les portraits dessinés attribuables à François sont à peu près une dizaine. Au-dessus de tous, il convient de placer celui de Marguerite de Valois, au costume aquarellé. C'est une œuvre délicieuse où tout exprime la jeunesse. Il s'en dégage comme un rayon de soleil d'avril. Les mieux venus des autres reproduisent Antoine de Bourbon, roi de Navarre (vers 1548), à la personnalité largement écrite, la marquise de Nesle (?) et Henri d'Albret.

Au Louvre, il n'y a guère que quatre dessins dignes d'augmenter cette liste. Ce sont des portraits de femmes, dont une seule jusqu'à ce jour a été reconnue : Anne de Beauvillier, dame Forget du Fresne (vers 1570). Sa face disgracieuse — un nez insolent y domine une bouche exiguë — est celle d'une assez fine mouche, au demeurant sans intelligence. L'une des jeunes femmes, que distingue un escoffion à voile, rappelle la Renée de Rieux de l'ancien album Foulon ; mais il faut se défier de ces sortes de ressemblance, qui, souvent, sur les sujets au-dessous de quarante ans, ne tiennent qu'à l'*air* d'une époque. Ces diverses effigies, sans atteindre à la perfection, sont diligemment caractérisées.

Beaucoup de portraits peints sont encore attribués à François Clouet sans raisons suffisantes, tels le *Henri II* en pied (vers 1558) du Louvre, le *François II* (vers 1559) du Musée de Berlin, le présumé *Duc d'Alençon* (1560) à M. Krœmer (Paris), la présumée *Marguerite de Valois* (vers 1565) du Musée Condé. La facture de ces ouvrages n'est pas si personnelle, leur somme d'art si forte, qu'il n'y ait témérité, en l'absence de documents certains, à les dire du maître. Le *Henri II*, aux lourds modelés, aux jambes mal proportionnées, semble fort un travail d'élève ou d'imitateur. Le *François II* a tout l'aspect d'une copie. Le *Duc d'Alençon*, excellente figure jadis au château

François Clouet. — Odet de Coligny (Dessin).
(Cabinet des Estampes.)

d'Azay-le-Rideau, où on la considérait comme d'Antonio Moro, pourrait bien être de Pierre Pourbus. On sait, en effet, que ce caractériste sincère fit une remarquable portraiture de ce prince; van Mander en a témoigné. La *Marguerite*, qui provient de chez Colnaghi (Londres), vaut par sa bonne structure. Mais si cette image met effectivement sous nos yeux la future reine Margot, elle est idéalisée ou plus exactement dépersonnalisée, car il s'en faut que son type individuel la rapproche des Marguerite des Estampes; elle en diffère même par le dessin du front, du nez, de la bouche et des arcades sourcilières.

D'autre part, les Clouet ayant été très copiés, on ne saurait davantage rapporter à François l'effigie peinte de Mme de Retz qui se trouve dans la galerie Czartoryski. Quoiqu'elle y porte le nom de Catherine de Médicis, le doute sur sa personnalité n'est pas possible, car elle réfléchit le dessin de l'ancien album Foulon. Et cet exemple, entre beaucoup, montre avec quelle légèreté on procédait naguère aux attributions.

Quelques crayons passent pour des copies d'originaux du maître; un des plus acceptables est le François de la Rochefoucauld, sieur de Ravel, au Louvre. D'autres œuvres ont de telles qualités de contexture et de peinture que l'on ne doit pas craindre de les classer parmi les attribuables à François. C'est le cas du minuscule portrait présumé de Jean d'Albon, seigneur de Saint-André (Louvre) et du buste de François de Lorraine, duc de Guise (Louvre). Le premier, qui date de la fin des années

1540, si nous en croyons son costume, se recommande par une physionomie très vivante et des chairs aux gris délicats ; le second, par son harmonie austère ainsi que par sa carnation qui semble faite d'un seul ton et dont cependant existent tous les plans nécessaires (1).

On pourrait, à la rigueur, sans manquer de respect à la mémoire du maître, reconnaître sa manière dans quatre portraits peints du Musée Condé : celui d'Albert de Gondi (entre 1558 et 1562), ceux, bien secs, de Jeanne et d'Henri d'Albret et celui d'un gentilhomme de la cour de Charles IX. On a vu plus haut que les têtes des deux premiers ont été crayonnées par François (Estampes), il est donc fort probable qu'elles furent peintes. Mais il ne s'ensuit pas que les panneaux de Chantilly soient des originaux de notre artiste, et parce que ses œuvres ont été beaucoup reproduites, et parce que les personnages dont ils divulguent l'image se firent certainement portraire par plus d'un peintre. Quant au gentilhomme, il plaît par son exécution prime-sautière.

Parmi les miniatures, où quelques érudits ont cru discerner l'empreinte de François, il en est une tout à fait digne d'attention. Elle décore les *Heures* de Henri II et représente ce prince au milieu des scrofuleux de Saint-Denis (2).

(1) A peine le ton de chair est-il rehaussé de roux aux pommettes, et, comme le ton des demi-teintes, il est ingénieusement dégradé.

(2) Bibliothèque nationale, fonds latin, n° 1429. A en juger par les costumes, la scène des écrouelles a dû être exécutée vers le milieu du siècle.

Composée comme par un caractériste préoccupé avant tout d'expressions, c'est-à-dire sans recherche de contexture bellement équilibrée, cette scène constitue néanmoins un ensemble satisfaisant. Presque au milieu, le roi, assez décoratif en son costume outremer et rouge carminé, touche un homme agenouillé devant lui; à gauche, de pauvres gens sont rangés. L'architecture est indiquée avec soin et, chose plus remarquable, il y a une atmosphère dans le monument. Les tonalités, où dominent les gris, forment une harmonie sobre et fine. Le manteau violet et la tunique marron jauni du pauvre que touche Henri n'attristent pas le regard; la robe carminée du cardinal de Guise, qui se tient à droite, le vêtement noir d'un seigneur, son voisin, ne détonnent point. Les nuances légères de la partie supérieure de la basilique, les reflets rosés du surplis du prélat témoignent d'une subtile vision de peintre. Les têtes des divers personnages vivent normalement, mais quelques pieds choquent par leur petitesse, et le susdit seigneur est d'une longueur démesurée. J'ai peine à croire que François ait commis de telles disproportions, quoique, je le répète, un maître se laisse aller parfois à d'inconcevables négligences. En tout cas, on ne peut, en se basant exclusivement sur l'étude de cette page, l'attribuer au maître. Nous ne connaissons ses qualités de miniaturiste que par des portraits, les points de comparaison nous manquent donc pour découvrir sa main dans une composition. Bornons-nous à constater que cette scène des écrouelles l'emporte sur celles qui l'entourent, non seulement par sa facture, mais aussi par son encadrement ornemental d'un si joli tour Renaissance.

Peut-être découvrira-t-on demain, en explorant des archives, que tel ou tel portrait de musée est un François Clouet, mais on ne retrouvera jamais sans doute certaines peintures que l'on sait avoir été réalisées par le maître et qui, depuis longtemps, ont disparu : le portrait de Léonor d'Orléans, duc de Longueville, à vingt-cinq ans, et une série de tableaux à sujets divers ayant trait à l'histoire de Henri II et de Catherine de Médicis. Le Léonor d'Orléans était regardé par Gaignières, qui le posséda, comme un authentique François, et l'on peut se fier à cet amateur soucieux de l'origine des œuvres qu'il acquérait. L'image du jeune duc nous est à moitié révélée par une copie, hélas vulgaire, du dessin original dont se servit le maître pour exécuter le portrait; on la conserve aux Estampes (1).

Quant à la série de peintures, nous la connaissons par l'*Inventaire général des tableaux du Roy* que fit, en 1709 et 1710, le sieur Bailly, « garde desdits tableaux ». Ces tableaux mesuraient 15 pieds de haut sur 7 à 9 de large. On ignore ce qu'ils sont devenus; L. de Laborde supposait que Marie de Médicis se les était appropriés et les avait fait placer au Luxembourg. On ne saurait trop regretter la disparition de ces œuvres; bien venues ou

(1) *Recueil de Gaignières*, Oa 17, fol. 23.

manquées, elles achèveraient de nous renseigner fort utilement sur les dons et le savoir du maître.

D'après L. de Laborde, il faudrait aussi regarder comme perdue une autre peinture de notre artiste : l'effigie du petit duc d'Orléans décédé en 1545. Enfin plusieurs ont attribué à François un portrait du jurisconsulte René Choppin en 1570, dont une gravure de J.-Ch. Flipart serait la reproduction. Cette estampe étant d'un métier très quelconque, on n'en peut faire état.

Quelques miniatures du maître ont également disparu, elles portraituraient Catherine, Charles IX, le duc d'Alençon, le futur Henri III et Marguerite de Valois. Offertes en cadeau, vers la fin des années 1550, à Élisabeth, reine d'Espagne (1), peut-être ont-elles échappé à la destruction. C'est surtout chez nous que les œuvres des Clouet tombèrent entre des mains barbares. Nombre de leurs peintures ont dû périr ou échouer chez des brocanteurs au moment de la tourmente révolutionnaire.

X

LES PEINTRES DU XVIe SIÈCLE.

Un rapide coup d'œil sur les peintres contemporains de François achèvera de mettre en lumière sa valeur et sa personnalité. Il y a pénurie de renseignements sur nos artistes du XVIe siècle, toutefois les documents relatifs aux

(1) *Négociations sous François II*, Documents inédits, p. 807.

uns et les œuvres de quelques autres nous permettent de constater qu'ils étaient en assez grand nombre et que beaucoup possédaient du talent.

Guillaume Boutelou (né à Blois au commencement du siècle), avant d'être nommé peintre du roi, avait été, dès 1536, celui du dauphin François d'Angoulême. Son seul dessin connu, le portrait du fou Thonyn (Musée Condé), quoique un peu frêle, ne manque pas d'intérêt. Il date de 1560 ; vingt-trois ans plus tard, Boutelou vivait encore et travaillait pour Catherine de Médicis. Il avait, à ses débuts, peint quelques-uns des stucs de Fontainebleau ; mais s'étant spécialisé très tôt dans la portraiture, il ne ressentit point l'influence du Primatice (1).

Moins heureux, Jean Cousin (né, lui aussi, dans les premières années 1500, à Soucy, près de Sens), paya tribut à l'italianisme, du moins dans ses compositions ; son *Jugement dernier* du Louvre et ses scènes gravées en fournissent la preuve. Mais deux portraits, que tout autorise à croire de sa main, se recommandent par des qualités bien françaises et valent, le premier surtout, par leur puissance expressive ; ils représentent sa fille Marie et son beau-frère J. Bouvyer (collection F. Bouvyer). Sans doute ont-ils été réalisés vers le milieu du siècle, alors que leur auteur se trouvait dans la plénitude de ses forces.

Léonard Limosin (Limoges, vers 1505-1577) n'était pas

(1) On sait enfin, par un compte, qu'il exécuta, en 1556, diverses peintures nécessaires à la tragédie que la reine fit jouer à Blois cette même année.

Isabel Hauteville, mariée au Cardinal de Bouillon, veuve en 1571.

FRANÇOIS CLOUET. — ISABEAU DE HAUTEVILLE (Dessin).
(Cabinet des Estampes.)

7

seulement émailleur, il peignait aussi sur panneau et gravait sur cuivre. On a vu qu'il fut nommé valet de chambre du roi en 1548 ; c'est surtout à partir de ce moment qu'il exécuta, croit-on, ces portraits à l'émail auxquels il doit sa grande réputation. Quelques-uns — fort peu — ont été réalisés d'après ses propres dessins; de ce nombre, le superbe Montmorency du Louvre, dont le crayon très artiste enrichit le musée Dubouché à Limoges. Quant à l'unique tableau qui nous le révèle comme peintre, *l'Incrédulité de saint Thomas* (1551, Limoges), il prouve que ce maître ès arts du feu n'était pas doué pour arranger des figures et accorder des tons.

Nicolas Denisot (1515-1559), esprit très cultivé, ne se consacra pas entièrement à l'art et sans doute produisit-il en Angleterre, où il passa de longues années, autant qu'en France. On ne connaît de lui qu'un portrait, encore est-ce par une gravure sur bois : il nous fait contempler Marguerite de Valois, reine de Navarre, en son déclin. Le xylographe a traduit avec une heureuse sollicitude cette fine interprétation, qui pare un livre exécuté par trois élèves du peintre, les sœurs Seymour (1).

Geoffroy Dumonstier, que l'italianisme avait atteint, sévit à Fontainebleau de 1537 à 1540 (2). De ses trois fils, également peintres, l'aîné, Étienne (1520-1603), fut valet

(1) *Le Tombeau de Marguerite*, Paris, Michel Fezandat et Robert Gaulon, 1555, in-8. Biblioth. nat[le], imprimés Y, 1526, réserve.

(2) Il n'est que le second de la dynastie des Dumonstier, le chef en est Étienne Ier, dont on sait seulement qu'il participa aux travaux de Gaillon en 1501.

de chambre des quatre derniers Valois et de Henri IV, et Cosme, le cadet, eut une charge identique auprès de Catherine. C'est de lui que naquit Daniel, en 1574 ; de la dynastie des Dumonstier, il devait devenir le plus célèbre mais non le plus artiste. Ceux de ses dessins qui nous sont parvenus ne dépassent pas l'honnête traduction.

Antoine Caron (Beauvais, vers 1521-1599) fut de ceux qui s'italianisèrent complètement, aussi bénéficia-t-il des bonnes grâces de Catherine. Pendant les années 1559 et 1560, il procéda au « raffrechissement » de quelques peintures à Fontainebleau, puis commit, sous le titre d'*Histoire d'Arthémise*, une suite de trente-neuf compositions à la sépia, théâtrales et réminiscentes, en l'honneur de ladite reine (Cabinet des Estampes). En outre, il a célébré des triomphes dans une autre série de dessins.

Cornélis de la Haye, communément appelé Corneille de Lyon, s'était établi chez nous d'assez bonne heure. Les archives lyonnaises nous ont appris que le dauphin l'avait comme peintre en 1540 et que, onze ans plus tard, il fut nommé peintre en titre de Henri II. Les dons qu'il tenait de sa race ne risquaient pas de s'altérer dans le terroir lugdunien où l'interprétation sincère et méticuleuse des formes a toujours été en honneur; mais ayant négligé le dessin pour la peinture, il n'arriva pas à une belle puissance d'expression. Ses portraits authentiques, ceux du dauphin François d'Angoulême, vers 1536 (musée Condé), de Marguerite, duchessse de Savoie (id.), de Jacqueline, marquise de Rothelin (musée de Versailles), de Louis de

Montpensier (id.), d'un pseudo-duc de Montpensier, qui date de la fin des années 1540 (musée Condé), intéressent par leur vie et leurs souples jeux de pâte; tous pêchent par leur structure (1). De même les meilleurs des portraits qui lui sont raisonnablement attribués; celui, présumé, de la marquise de Rothelin, vers 1548 (à M. Aynard, Lyon), celui de la duchesse de Savoie (musée de Versailles).

Le Blésois Jean de Court avait eu pour premier maître Léonard Limosin. Après avoir remplacé son père Jacques, en 1572, comme peintre attaché aux écuries, il succéda deux ans plus tard, à notre François dans sa charge de peintre du roi (2). En 1571, il avait portraituré le futur Henri III.

François Quesnel, né en 1544, à Edimbourg, d'un père qui descendait d'une vieille famille écossaise, fut élevé en France et s'y fixa. On tient pour très plausible qu'il a réalisé l'expressif portrait peint d'inconnu de l'ancienne collection Antonin Proust et diverses effigies crayonnées, dont plusieurs agréablement écrites, celles de François, duc d'Alençon, vers 1580, de Renaud de Beaune, 1589, de Gabrielle d'Estrées vers 1590 (Estampes) et de Georges Babou, comte de Sagonne (Louvre) (3). C'était un élève,

(1) Ces portraits firent partie de la collection de Gaignières, où ils figuraient comme des œuvres authentiques de Corneille.

(2) Et alors son fils Charles prit sa place aux écuries.

(3) En outre, on lui attribue les cartons des tapisseries consacrées aux Fêtes de Henri III, compositions attrayantes, plus harmonieuses comme accords de tonalités — beaucoup sont délectables — que comme arrangements de lignes (musée des tapisseries de Florence).

un disciple même de François Clouet. De ses deux frères, Nicolas, adonné au blason en même temps qu'au portrait, et Jacques, spécialisé dans l'histoire, il ne reste rien, croit-on. Rien non plus de leur père, Pierre Quesnel. Au moins sait-on qu'il avait composé, pour l'église des Grands Augustins de Paris, un carton de verrière représentant une *Ascension* où, près des personnages traditionnels, se voyaient Henri II et son épouse.

Au milieu des années 1500, on trouve encore Etienne Martelange, auquel on donne la Bianca Capello de Versailles ; Jean de Gourmont, banal metteur en scène ; Scipion Bruisbal, témoin au testament de François Clouet ; le Lorrain Pierre Woériot, qui séjourna longtemps en Italie et finit par s'installer à Lyon. Puis c'est, dans le dernier quart du siècle : les peintres aux gages de Catherine, gens de métier plus ou moins avariés par l'italianisme, Jacques Patin, dont il subsiste d'indigentes gravures relatant les phases du ballet de Circé représenté, en 1581, aux noces d'A. de Joyeuse ; Pierre Gourdelle, gendre de Caron, René Tibergeau, Pyramus Lucas, Gentien Bourdonnais, Nicolas Leblond. Les italianisants dégénérés, Toussaint Dubreuil (1561?-1602) scénariste affligeant ; Jacob Bunel (1558-1614), qui s'efforça du moins d'être un portraitiste sincère ; Martin Fréminet (1567-1619), aux groupements emphatiques ; Henri Guigue ou Guigonis, bien nul si tous ses ouvrages ressemblaient aux *Adorations* de M. de Lamothe (Avignon). Et les autres décadents, Benjamin Foulon, qui figura dans les états de la maison du roi dès 1577 et devint en 1609 valet de chambre de Henri IV, Antoine de Recouvrance, que compromet une médiocre *Prédication de saint Paul* (à M. Scordel, Chaumont), Lagneau ou Lanneau, dont trop de crayons ont échappé à la ruine !

A côté de ces peintres aux noms sauvés de l'oubli, que d'autres artistes dont on ne connaît que certaines œuvres ! Assurément on peut admettre que quelques-uns des portraitistes précités ont fait les effigies si bien caractérisées de Claude de France, duchesse de Lorraine, aujourd'hui à Munich, du vieillard que conserve M. Thiébault-Sisson, du seigneur anonyme que possède M. Aynard ; et aussi l'estimable Henri II en pied des Uffizi, les très honnêtes Charles IX éphèbe, de Windsor, et Cossé-Brissac (?) de la National Gallery, les non moins bons Henri II, François II et François III de La Rochefoucauld du *Kunsthistorische Hofmuseum* de Vienne, les typiques archiducs Philippe et Marguerite d'Autriche de MM. Agnew, le curieux Ronsard du Musée de Blois, maints portraits du Louvre, de Versailles et de Chantilly.

Mais tout porte à voir d'autres personnalités dans les auteurs de *la Vierge entre deux donateurs* (Louvre) et de l'excellent *Mariage mystique* à M. von Kaufmann (Berlin) attribués sans raison à Perréal, de l'*Ange parlant à Abraham* (à la comtesse Durrieu), du *Calvaire* expressif mais un peu conventionnel (à Mlle Niel), de la femme allégorisant la Paix (musée d'Amiens) aux tons de porcelaine, de la *Dame à sa toilette*, aimable nu (à M. Havard), de la *Diane* aux trois suivantes (musée de Rouen), italianerie assez bien arrangée, de la *Danse du may et de la Coupe* (à M. Thévenin), où l'on démêle une certaine recherche de sincérité.

Et si déjà les artistes abondaient à Paris, on en comptait des légions encore dans maintes villes du royaume. Quelques provinces conservaient leurs écoles, et que de tableaux en sortirent!

A Lyon, foyer d'art intense depuis au moins Charles VIII, les interprètes de la figure se distinguaient dans tous les genres. Malheureusement, il n'existe plus que très peu de peintures de l'époque des derniers Valois; la meilleure est une significative *sainte Catherine*, exécutée en 1507 par Claude Guinet et travaillée comme un portrait (musée de Lyon).

Plus nombreux sont les ouvrages bourguignons, et presque tous se recommandent par la vie robuste de leurs figures; telles la *Vierge-mère au donateur* de N.-D. de Dijon (bas côté sud), la *Messe de saint Grégoire* (vers 1520) aux types tracés durement mais expressivement (au duc de Bauffremont), telle *la Cène* (même époque, volets de la sacristie de Notre-Dame de Bourg), où se remarquent surtout les effigies des donateurs et de leurs enfants.

Dans Amiens, quelques décorateurs étaient capables de bien figurer, on le constate par les *Sibylles* de la cathédrale. D'autre part, une confrérie littéraire, celle de Notre-Dame du Puy, encourageait les peintres locaux en

François Clouet. — Marie Stuart (Dessin).
(Cabinet des Estampes.)

leur demandant d'interpréter les thèmes des ballades auxquelles elle accordait des récompenses. Aucune des interprétations parvenues jusqu'à nous n'est attachante; mais il n'en faut rien inférer de péjoratif; avec des sujets imposés de la sorte, on n'obtient guère que de piètres résultats. Deux volets de triptyques, où se profilent un seigneur et une dame en costume de 1540 (à M. Heugel, Paris), montrent qu'il y eut en Picardie, comme ailleurs, d'excellents portraitistes.

Le Ponthieu avait ses peintres, comme on le voit par les deux panneaux datés de 1551 qui représentent, d'une façon vulgaire mais vigoureuse, *la Peste à Rome* (Saint-Nicolas, Avesnes). Le Velay avait les siens, on peut le supposer, d'après les figures qui symbolisent, non sans bonheur, les arts libéraux, dans le bâtiment relié à la cathédrale du Puy, et d'après le tableau votif du musée Notre-Dame où se trouvent réunis l'évêque de Senecterre et son frère François avec la femme et l'enfant de celui-ci (1584). De même le Poitou, dont un certain Mèrevache était « l'Apelle », dans la première moitié du siècle, selon Scévole de Sainte-Marthe. Et, dans quelques terroirs, l'école locale s'augmentait de professionnels venus d'ailleurs. Lyon donnait l'hospitalité au Batave Corneille, au Piémontais Georges Reverdi, à d'autres encore; Avignon, où le Laonnais Charonton et le Limousin Villate s'étaient fixés au siècle précédent, avait accueilli Simon de Châlons.

Les imitateurs, les influencés tenaient, comme à chaque époque, une place énorme. La *Visitation* et la *Présen-*

tation du musée de Mâcon nous apprennent l'existence de pasticheurs attardés des quattrocentisti. Les quatre savoureux motifs tirés de la légende de Sainte-Marguerite (au roi Édouard VII), nous donnent lieu de croire que les archaïsants ne disparaissaient pas vite (1). Bourdichon, Cousin, les Clouet (surtout François) avaient fait école ; Corneille était démarqué. Et ceux qui répétaient nos artistes ou tâchaient de s'en inspirer opposaient peut-être une masse égale en nombre à l'armée des coryphées et des suivants du Primatice.

Tant d'œuvres disséminées dans les musées et les collections prouvent que notre XVIe siècle fut une ère de bons portraitistes. Les mieux doués des peintres d'alors sont des interprètes de physionomies ou des compositeurs de scènes désireux de bien traduire des individualités. Aussi leurs travaux sont-ils très utiles pour l'étude des caractères de notre race ; retenons-en les meilleurs et n'attendons pas, pour payer un tribut d'admiration à ceux des inconnus, de savoir qui les a construits. Qu'importe le nom de l'auteur si l'œuvre est belle ! Habituons-nous donc à baser notre respect esthétique sur la somme d'art des œuvres, non sur le degré de célébrité de leurs auteurs.

(1) Phénomène commun à tous les pays. Il y a toujours des artistes en retard d'un demi-siècle et quelques-uns n'en sont pas moins délectables. Contentons-nous de signaler deux exemples : au delà des Alpes, Sano di Pietro qui, en plein XVe siècle, s'attache à continuer Duccio, sans pousser plus loin sa technique ; au delà des Ardennes, Joachim Patenir qui, au temps de Quentin Massijs, persiste dans les errements de Van der Weyden et de Thierry Bouts.

François Clouet. — Marguerite de Valois (Dessin).
(Cabinet des Estampes.)

XI

L'ART DE FRANÇOIS. — SON INFLUENCE. — SES ENSEIGNEMENTS.

Enfin concluons que si François Clouet n'est pas le seul grand portraitiste de son époque, il apparaît du moins comme l'un des plus grands. Ses peintures certaines, ses dessins incontestables sont vite comptés, on l'a vu ; c'est assez cependant pour nous permettre de reconnaître en lui des dons exceptionnels et une force peu commune. Parmi les ouvrages sauvés, on chercherait inutilement une tête qui l'emporte sur ses effigies culminantes. Et malgré que l'on puisse supposer l'existence de maîtres inconnus, il est presque impossible d'admettre qu'au nombre des travaux détruits il y ait eu des portraits supérieurs à ceux qu'il dessina. Car peu de maîtres, au cours des âges, ont bâti et vivifié des têtes avec plus de succès. Boutelou, Denisot, J. de Court, F. Quesnel, d'autres encore, ont peut-être accompli d'impressionnantes choses; il serait surprenant, s'il leur arriva parfois de chef-d'œuvrer, qu'il n'en restât pas même un souvenir dans quelque texte.

L'influence de François Clouet fut bienfaisante, cela ressort de dessins et de peintures assez notables pour qu'on ait pu les croire, presque tous, du maître lui-même.

Sans doute maints imitateurs exagérèrent les défauts du maître en abusant des délinéations sèches, des détails microscopiques, des tons plats, délavés, uniformes, des effets monocordes, comme fit le peintre de la Claude de Beaune du Louvre; sans doute d'autres perdirent la forme comme les exécuteurs de la prétendue Marguerite de Navarre et d'une abbesse inconnue (Cabinet des Estampes), et plus d'un tomba dans la disproportion comme le massacreur du Bourdeille, frère de Brantôme, que rend inoubliable son type de dolychocéphale simiesque. Mais de tels excès sont inévitables dans les écoles. Somme toute, François Clouet poussa par ses exemples une multitude de peintres vers la lumière tout en les incitant au respect du naturel et des principes sans lesquels aucune structure sérieuse n'est possible. Et son action fut d'autant plus salutaire qu'elle s'exerça pendant les ravages de l'italianisme. En proclamant, par d'irréfragables dessins, la valeur de nos traditions, alors que Caron *rafraîchissait* les peintures de Fontainebleau; en démontrant, par son portrait d'Élisabeth, l'année même où disparut le Primatice, que l'art de notre France vivait toujours, et bellement, de sa vie propre, il rendit d'immenses services. Combien d'artistes et de mondains lui durent de ne pas succomber au snobisme régnant! Combien d'autres osèrent, grâce à lui, réagir contre l'exotisme!

François Clouet fut, comme son père, un amoureux de sincérité, un interprète loyal, un vivificateur; mieux que son père, d'un trait plus magistral et plus intime, il dévoila les âmes en fixant la mobilité des physionomies, en rehaussant le sens des caractères. Comme peintre, il n'a, pas plus que Jean, une de ces originalités qui frappent les

François Clouet. — Charles IX (Dessin).
(Cabinet des Estampes.)

8

moins avertis; néanmoins sa personnalité, pour s'affirmer discrètement, n'en est pas moins sensible. Au Louvre, l'*Élisabeth* resplendit d'un éclat bien particulier. Les portraits qui l'entourent ont été brossés tous avec des procédés analogues, mais combien inférieure leur irradiation! Elle l'emporte sur eux non seulement par ses qualités techniques, mais par sa vie intérieure et l'indicible qu'elle dégage.

Dans le dessin, François atteignit aux plus hauts sommets. Son sentiment de l'écriture plastique était merveilleux; il l'eut presque au degré où devaient le posséder Poussin et Ingres, ses chefs-d'œuvre des Estampes autorisent cette assertion. C'est en harmoniste qu'il édifiait ses formes, en expressif qu'il traçait ses délinéations, en tout respectueux des signes de la vie autant que des lois de l'équilibre. Il fut si foncièrement dessinateur que ses portraits peints, considérés au seul point de vue métier, apparaissent comme des dessins rehaussés de tons. Pas de jeux de pâte, pas d'habiletés de brosses, nul stratagème : les tonalités sont étalées candidement, les modelés traités à peu près comme des frottis de crayon et réduits au strict nécessaire. Ces tonalités offrent, il est vrai, de fines dégradations, mais n'oublions pas qu'un œil de dessinateur réellement artiste doit percevoir aussi bien que celui d'un peintre ces effets de la lumière sur les reliefs et les plans que l'on traduit en dégradant les teintes. Effectuées sans aucune de ces recherches auxquelles se délectent les manieurs de pigments, les dégradations de François sont celles d'un harmoniste en noir et blanc. De là cette belle unité et cette sévérité picturale des têtes du maître. De là aussi la clarté de ses chairs. La pleine lumière simplifie tout; plus elle enveloppe une forme, plus elle en synthétise les tonalités. Sans doute est-ce parce qu'il avait observé tout cela qu'il s'appliquait à maintenir dans une même gamme ses tons de chair. Et comme, pour obtenir ce résultat, il lui fallait respecter scrupuleusement les valeurs de ces tons, ses carnations y ont gagné une lumière que les âges n'ont point ternie. Car la luminosité d'une peinture ne dépend pas du degré de photogénie de ses tons, mais de la bonne transcription de leurs valeurs.

Mais, demanderont certains, a-t-il volontairement usé de cette méthode de peinture simplifiée ? Ne lui a-t-elle pas été imposée par l'obligation où il se trouvait de peindre exclusivement d'après ses dessins ? Assurément nous l'ignorons. Aucun texte ne nous renseigne sur sa tournure d'esprit et ses préoccupations d'artiste. Toutefois, étant donnée sa manière d'interpréter au crayon les tonalités, on peut sans crainte présumer qu'il n'eût pas sensiblement modifié son faire s'il avait peint ses portraits d'après nature. Peut-être en eût-il varié ou affiné davantage les notes de sa gamme de chair, dégradé plus sensiblement ou plus subtilement ses parties claires; mais tenons pour indubitable qu'il n'eût pas compliqué ses parties d'ombre puisqu'il avait, ses crayons polychromes l'attestent, cette vision qui porte à modeler par un minimum de demi-teintes. A quoi bon, d'ailleurs, s'arrêter à des hypothèses

François Clouet. — Gaspard de Coligny (Dessin).
(Cabinet des Estampes.)

quand la réalité nous offre de si multiples sujets d'étude! On perdrait sa peine à chercher ce que François aurait accompli, servi par d'autres circonstances; au contraire, on gagnera fort à scruter les œuvres qu'il a laissées. En parvenant à rendre ses chairs lumineuses et harmonieuses, avec une justesse si parfaite, le maître a constitué une peinture délectable en son austérité. Quelles que soient les sensations qu'elle cause, quoi qu'on en pense, en toute justice on doit confesser qu'elle a de solides qualités picturales.

Mais la supériorité de François s'affirme plus encore, répétons-le, dans ses crayons; voire sa supériorité de peintre. Que cela n'étonne pas. On obtient des dégradations de teintes plus multiples et plus fines avec des mines de couleur ou des pastels tendres sur le papier qu'avec des pigments à l'huile sur toile ou sur bois. Aussi des effets plus variés et plus impressifs. La matière oléagineuse, même appliquée par des mains fort expertes, ne manifeste jamais les délicatesses, les transparences, les poésies, comme le peuvent faire des caresses de crayon : elle a des opacités que rien n'arrive à vaincre, elle cuirasse les reliefs, elle impose aux contours une parure qui souvent les écrase.

Le crayon montre avec netteté ce que les brosses indiquent à peine ; ce qu'elles disent lourdement, il le conte ou l'évoque avec une grâce incomparable. Le profane ne soupçonne pas la haute utilité de cet outil idéal, pas encore assez estimé. Le crayon ! mais il a d'inappréciables qualités, on serait tenté de dire des vertus. Entre les mains de l'artiste, il est beaucoup plus obéissant que les brosses; la main le discipline et le dirige à souhait, tantôt l'appuyant sur le papier comme une pointe d'acier sur le cuivre, tantôt le faisant évoluer dans une savante stratégie comme un pinceau léger. Demandez-lui des traits vigoureux, incisifs, ou de suaves indications, de larges modelés, des contrastes puissants ou des accords d'analogues, d'implacables perspectives ou de vaporeuses évocations; employez-le à retracer des drames lugubres ou de sereines visions, l'humanité ou la nature sous leurs plus divers aspects, il n'est rien qu'il ne mène à bien si vous savez le conduire. Toutes les souplesses, toutes les fermetés, tous les charmes, il les possède; tous les modes d'exprimer, de l'alerte au majestueux, il les pratique; tous les effets, tous les caractères, il les reproduit avec une bonne volonté, un loyalisme, que rien ne rebute. Il est Protée, et il est fée. A certains moments, on le croirait partie intégrante de la main; sous les impulsions de l'esprit, il continue le travail des doigts. Il semble, tant persistent son zèle et sa docilité, qu'il veuille collaborer à l'œuvre de son maître, de son guide. De fait, il en épouse les ardeurs et la fièvre; les phalanges qui l'étreignent le sentent maintes fois frémir. Un imaginatif pourrait se surprendre à lui prêter de l'intelligence. La brosse tient de la truelle, elle permet des labeurs solides mais restreints, le plus virtuose des peintres ne réussit pas toujours à la plier à sa volonté; et même quand il la maîtrise, il ne la change pas en calame. La brosse est un ser-

Attribuable a François Clouet. — François de Lorraine, duc de Guise (Peinture).
(Louvre.)

viteur, elle ne sera jamais un auxiliaire, un collaborateur. Le crayon a des secrets, que la brosse a toujours ignorés, pour nous initier à l'intimité des êtres et à l'en-dedans des choses. D'ailleurs, en recouvrant de pâte une figure, on se sent entraîné à la matérialiser, même lorsqu'on se garde de la traduction étroite; n'use-t-on que de mines, on est porté naturellement, à moins de compter parmi les incorrigibles de l'analyse méticuleuse, à n'écrire que l'essentiel des formes. On exagère les mérites de la peinture parce que, seule, elle permet les vastes décorations murales et les scènes d'un cadre important. A la vérité, dans les formats ordinaires, le crayon (le noir, le sanguine comme les polychromes), s'il est manié par un maître, vaut la peinture et parfois l'emporte sur elle. Le crayon se prête à merveille à l'interprétation psychologique, car sa puissance évocatrice égale sa force expressive. Aussi les dessins des interprètes suprêmes de la physionomie suffisent-ils pour confirmer leur éminence. Ceux de Dürer, de Lionardo, de Hans Holbein, de François Clouet, de Ingres, en fournissent de superbes exemples.

François se relie à Lionardo par son sentiment du langage des lignes et de la valeur des regards ainsi que par son intelligence des moyens d'éclairer les profondeurs des âmes. Par le caractère de son écriture, son besoin d'exiger beaucoup du trait, sa science de constructeur des formes, sa rigoureuse probité de portraitiste, il est l'ancêtre de Ingres, qui l'a continué dans ses dessins en poussant plus loin encore le souci de synthétiser.

Écrits comme par un buriniste, les dessins de François sont teintés par un harmoniste très sobre mais d'une exquise sensibilité. Ses dégradations sur le papier sont mystérieuses et animées comme la vie même. Ses structures nous enseignent que le plus religieux souci de rester vrai se concilie fort bien avec le vouloir d'éviter l'étroitesse dans l'exécution. Tous les principes de l'art de dessiner se lisent dans ces têtes si sûrement équilibrées, proportionnées et vivifiées. Et nombre d'entre elles représentent une phase instructive autant qu'attachante de la marche vers la lumière commencée par nos peintres du siècle de Fouquet. Soyons fiers de ce Clouet, « honneur de nostre France », comme disait Ronsard, saluons en ce digne artiste un précurseur de nos portraitistes les plus robustes et les plus subtils, un initiateur aux recherches contemporaines les plus nécessaires. N'hésitons pas à le classer dans le chœur de nos maîtres insignes, quoique ses œuvres certaines ne soient pas légion. De même qu'un sonnet impeccable suffit pour établir la réputation d'un poète ; de même, c'est assez d'une tête artistement construite et animée pour immortaliser un peintre.

FIN

TABLE DES GRAVURES

TABLE DES MATIÈRES

8574-06. — Corbeil. Imprimerie Éd. Crété.

Paris
H. Laurens
Editeur
6, Rue de Tournon

www.ingramcontent.com/pod-product-compliance
Ingram Content Group UK Ltd.
Pitfield, Milton Keynes, MK11 3LW, UK
UKHW021057260726
13994UKWH00002B/558

9 782329 091563